Alfa Romeo

LEGENDÄRE CABRIOLETS

PORSCHE

AUTO UNION

Inhalt

Zu diesem Buch

Spider, Roadster, Sportzweisitzer, Cabriolet, Landaulet, Drophead Coupé, Tourer und Touring, Convertible, Phaeton, Coupé Décapotable – so lauten die klassischen Bezeichnungen für eine Automobilkarosserie offener Bauart. Dann kamen Bezeichnungen wie Cabriolimousine, Speedster, Barchetta, Targa, Volante oder scherzhaft auch Ragtop auf. In der über einhundertjährigen Geschichte des Automobils hat man viele klangvolle Namen gesucht und gefunden, um die reizvollste Spezies des Motorwagens zu kennzeichnen.

Die allerersten Fahrzeuge mussten auf ein Verdeck verzichten. Denn ihre Motoren waren noch schwach, und es kam auf jedes entbehrliche Kilogramm an. Bei Regen unternahm man halt keine Ausfahrt. Selbstverständlich hatten auch viele Pferdekutschen ein Verdeck, und die Postkutsche war ja sogar ein allseitig geschlossenes Gefährt, wenn man vom Kutschbock absieht. Aber der Komfortfaktor spielte in der Frühzeit des Motorwagens noch keine Rolle; erst einmal war es wichtiger, dass er sich überhaupt bewegte, und zwar schneller als die von Pferden gezogene Konkurrenz.

Doch der Mensch liebt den Wettbewerb, und er beflügelt ihn zu Anstrengungen, besser als die anderen zu sein. Daher begannen die verschiedenen Hersteller von Motorfahrzeugen schon bald, sich in »sportlichen Concurrenzen« zu messen, und die zu diesem Zweck auf die Räder gestellten Fahrzeuge mussten nicht nur möglichst stark motorisiert, sondern auch leicht sein. Bald wurde klar, dass Windschlüpfigkeit ebenfalls eine Rolle spielte: die Aerodynamik hielt Einzug in den Automobilbau. Sie führte zu der Erkenntnis, dass ein Dach über dem Kopf der Fahrzeuginsassen diese nicht nur vor den Unbilden des Wetters schütze, sondern das Auto windschnittiger machte. Noch waren das empirische Studien; wissenschaftlich erarbeitete Belege wurden erstmals in den Dreißigerjahren präsentiert.

Doch der Sportwagen blieb aus verschiedenen Gründen ein Auto offener Bauweise. Nicht wenige Besitzer schätzen es, in einem Roadster oder Cabriolet gesehen und ob ihrer sportlichen Einstellung bewundert zu werden, wichtiger aber ist allen das emotionale Vergnügen, die unmittelbare Kommunikation mit der Natur, die ungefilterte Wahrnehmung des Motorengeräuschs. Ein sogenannter Geschwindigkeitsrausch spielt eine untergeordnete Rolle, denn gerade das Langsamfahren im offenen Wagen kann Genuss bedeuten.

Wie immer die technischen Termini sich im Laufe der Zeit für Autos »oben ohne« entwickelt haben: Man unterscheidet drei Grundformen. Nämlich den mehrplätzigen Tourenwagen mit einfachem Verdeck und ohne Seitenscheiben, das zwei- oder auch mehrplätzige Cabriolet (kurz: Cabrio) mit versenkbaren Seitenscheiben und mehr oder weniger winterfestem Verdeck, sowie den Spider oder auch Roadster, in der Regel zweisitzig und mit einem leichten Sommerverdeck versehen. Die Wörter Roadster oder Convertible haben die Amerikaner eingeführt. Der auf dem europäischen Kontinent am häufigsten gebrauchte Begriff für einen offenen, spartanisch ausgestatteten Zweisitzer war immer Spider, der schon im 19. Jahrhundert Verwendung fand. In den USA bezeichnete man ihn als Runabout. Diese Fahrzeuge boten Fahrerlebnisse pur, unter Verzicht auf jeglichen Komfort. Sie hatten nicht einmal eine Frontscheibe. Die ersten Rennwagen sahen genauso aus. Allein auf möglichst hohe Geschwindigkeit kam es an, nicht auf die Ansprüche auf Bequemlichkeit seitens der Insassen. Die trugen kräftiges Lederzeug, kniehohe Stiefel, eine Schutzbrille und bestenfalls eine mit dem Schirm nach hinten aufgesetzte Sportmütze.

2–3 Durch den 356 Speedster erlangte der Markenname Porsche in den 1950er-Jahren vor allem in Vereinigten Staaten seine Reputation.

4–5 Das 853A Cabriolet war zweifellos eines der attraktivsten Modelle der Marke Horch, die 1932 wieder mit Audi vereinigt wurde.

Das Wort Spider (englisch für Spinne) ist älter als das Auto. Es kommt, wie viele andere Begriffe auch (Landaulet, Limousine, Brougham, Coupé), aus dem Kutschenbau und wurde schon um 1860 in England für einen leichten Pferdewagen mit hohen Rädern benutzt, die an seinen Enden tatsächlich wie die Beine einer Spinne abstanden. Historiker meinen, das vierrädrige Gefährt sei als Gegenstück zum leichten Tilbury-Einspänner entstanden, der nur zwei Räder hatte und auch nur zwei Personen Platz bot. Manche Ausführungen wiesen hinter den Sitzen am Heck zwei Notsitze oder auch nur eine Trittfläche auf für zwei weitere Personen, die stehend mitfuhren (Dienstboten waren es meist). Es gab für den Tilbury ein weit nach vorn über die Sitze zu ziehendes Klappverdeck aus Leder als Wetterschutz für die Insassen. Möglicherweise leitet sich unser heute oft gebrauchtes 2+2 (two plus two) von jenen Tilburys mit hinteren Notsitzen ab.

Das der griechischen Mythologie entliehene Wort Phaeton kennzeichnete im Kutschenbau einen offenen Viersitzer, und Daimler verwendete den Begriff schon vor 120 Jahren. Vor allem in den USA setzte er sich dann für viertürige Cabriolets durch. Eine Kreuzung zwischen Phaeton und Tilbury war jener Kutschwagentyp, den der irische »carriage builder« Holmes in Dublin baute und als Spyder bezeichnete – mit einem »y«. Ob dies ein Schreibfehler war oder die Schöpfung einer neuen Wortmarke sein sollte, ist unerheblich; jedenfalls hielt sich der Begriff neben dem Spider und wird beispielsweise von Porsche und Audi verwendet.

Trotz seines Ursprungs in der englischen Sprache hat sich Spider als Fahrzeugbezeichnung im angelsächsischen Raum nicht durchgesetzt. In den Staaten spricht man von einem Roadster oder Speedster, in Britannien vom Sports Two-Seater. Jaguar prägte den Terminus OTS: Open Tourer Sports. Doch die Italiener von Alfa Romeo bis Lancia, Maserati und Ferrari blieben beim Spider, wenn italienisch ausgesprochen mit Betonung auf der zweiten Silbe.

Insassen eines Cabriolets – von den Deutschen in den Zwanziger und Dreißiger Jahren auch Kabriolett schrieben – haben mit denen im Spider & Co. lediglich die Möglichkeit gemein, sich bei einsetzendem Regen durchnässen zu lassen, im Falle sie vorher nicht das Verdeck geschlossen haben. Ansonsten ist das Cabriolet ein Auto, bei welchem der Reisekomfort dem in einem geschlossenen Wagen am nächsten kommt. Die Seitenscheiben lassen sich samt Rahmen versenken, das Verdeck (wenn es von guter Qualität ist) verträgt jede Art ungnädigen Wetters. Oftmals entstehen Cabriolets nur als Evolutionsprodukte aus Limousinen, denen man das Dach entfernt hat, und wenn es sich dabei nur um die obere Fläche und einen Teil der rückwärtigen Partie handelt, spricht man von einer Cabriolimousine. Ein Karosserietyp, der in den Fünfzigerjahren von der Bildfläche verschwand.

Der Mechanismus eines Cabriodachs, dessen Versteifungen, Auswattierung und Vorrichtung zur Unterbringung, wenn man offen fuhr, resultierte fast immer in einem höheren Gewicht im Vergleich zur Limousine. Vor allem, wenn noch Elektromotoren zur Betätigung hinzukamen. Von Nachteil war auch das geringere Volumen des Kofferraums, sollte das Dach voll versenkbar sein. Bei Fahrzeugen mit Heckmotor wie beim VW Käfer von Karmann ließ sich das geöffnete Verdeck sowieso nicht verstauen, ebenso wenig bei Autos früherer Epochen, die über einen in die Karosserie integrierten Kofferraum ohnehin nicht verfügten.

6–7 Der 1948 vorgestellte Jaguar XK120 war ein Riesenerfolg.
8–9 Zu den Meilensteinen in der Geschichte der Cabriolets gehört zweifellos der offene Ferrari 250 GT.

10–11 Mit dem spektakulären 918 RSR Spyder Hybrid deutet das Haus Porsche an, welche Wege es künftig einschlagen wird.

Kompromisse beim Bau von Cabriolets führen so gut wie immer zu Problemen, die sich früher oder später einstellten. Der naheliegende Gedanke, einer Limousine einfach das Stahldach wegzunehmen und dadurch ein Cabrio entstehen zu lassen, erwies sich in seiner Umsetzung insoweit als Irrtum, als der Fahrzeugkörper (egal, ob selbsttragend konstruiert oder auf ein konventionelles Chassis gesetzt) dadurch seiner Formstabilität beraubt wurde. Es kam zu Verziehungen und Rissen, zu schlecht schließenden Türen und Fenstern. Um dem entgegenzuwirken, musste man den Karosserieunterbau mit zusätzlichen Versteifungen versehen, was eine weitere Zunahme des Fahrzeuggewichts nach sich zog. Als die Steifigkeit einer für den Serienbau geplanten Karosserie noch nicht durch Computerprogramme berechnet werden konnte, bedurfte es erfahrener Experten, die wussten, wie man ein hundertprozentig formstabiles Cabriolet baut. Und der große handwerkliche Aufwand hierfür schlug sich in entsprechend hohen Preisen nieder. Nicht ohne Grund rangierten Qualitäts-Cabriolets immer ganz oben in den Listen. Wie man Cabriolets mit akzeptabler Lebensdauer auf Limousinen-Basis auch in größeren Serien rationell produzieren kann, bewiesen als Erste die Amerikaner. Schon in den Dreißigerjahren boten die großen US-Hersteller jedes Modell sowohl geschlossen als auch offen an. Längst haben die Europäer gleichgezogen, denn die Anwendung von CAD (computer assisted design) ist globales Gemeingut geworden.

Sehen und gesehen werden: Diese Maxime galt schon immer auch für fast alle Personen in hohen Ämtern und die Prominenz des öffentlichen Lebens. Ob Hollywood-Stars oder Staatsmänner, Vertreter der Monarchie oder Idole der Sportwelt: Für ihre Auftritte sind offene Autos unverzichtbar. Joviales Winken aus dem Cabrio-Fond macht ja sogar Kindern Spaß, wenn die Familie mit ihnen im offenen Mégane CC ins Wochenende fährt. Übrigens lässt das Wort Cabriolet erkennen, dass es lateinischen Ursprungs ist; im Italienischen ist eine capriola ein Bocksprung, auch das Wort kapriziös (launisch) kommt daher. Im Automobilbau gehörte der britische Karosseriehersteller Salmons and Sons zu den ersten, die eine ihrer Kreationen als Cabriolet bezeichneten. Das war ein 1910 auf der Olympia Motor Show präsentierter Napier. Ein dort von H. J. Mulliner & Co. gezeigter Rolls-Royce mit einer ähnlichen Karosserie figurierte unter Interior Driving Cabriolet. Der bei uns lange gebräuchliche Innenlenker (allerdings für Limousine stehend) beziehungsweise der Conduit Intérieur der Franzosen lässt sich darauf zurückverfolgen. Berühmte Karossiers boten eine ganze Palette aufwendig gebauter Cabriolets an, mit zwei und vier Türen, zwei, vier oder sechs Seitenfenstern, mit festen oder zusammenlegbaren Rahmenteilen. Sie erfanden Namen wie Sedan-Kabriolett oder Kombinations-Kabriolett. Das Landaulet, bei welchem sich nur das hintere Dachteil herunterklappen ließ, erfreute sich vor allem im Taxigewerbe großen Zuspruchs, und das Sedanca, Sedanca de Ville oder Town Car waren – sehr teure! – Variationen dieses Themas mit umgekehrten Vorzeichen: Hier ließ sich die vordere Dachpartie öffnen, während die Dachmitte und die rückwärtige Partie geschlossen blieben. Kombinationen aller Bauweisen waren möglich, und viele Tüftler hielten Patente auf diesbezügliche Konstruktionen.

Als Cabriolets in den Fünfziger- und Sechzigerjahren wieder in den Begehrkreis der Autokäufer rückten, wollten es die Großserienhersteller nicht allein den Außenseitern wie Jaguar, Ferrari oder Maserati überlassen, diesen Spezialmarkt unter

16–17 Obwohl mehr als 50 Jahre alt, zählt der offene Jaguar E-Type noch immer zu den reizvollsten Klassikern aller Zeiten.

18–19 Die offene Version des Mercedes-Benz SLR McLaren war 2007 entstanden, um das Coupé von 2003 zu ersetzen.

sich aufzuteilen. Preisgünstige offene Autos ins Programm zu nehmen, wurde zum Anliegen fast aller Massenproduzenten. Einen Fuß in der Tür hatten die Italiener durch Alfa Romeo und die Briten durch MG, Triumph und andere, in der BMC-Gruppe zusammengefasste Traditionsmarken. Doch dann erschien Volkswagen mit dem Karmann-Ghia, ganz zu schweigen von Porsche und Mercedes-Benz. Opel und Ford-Köln hielten sich bedeckt, dafür gab es Cabrios von Borgward, DKW und BMW.

Einen großen Durchbruch schaffte VW mit dem Golf Cabrio. Der Erfolg dieses Familienautos veranlasste auch andere Großserienhersteller, sich diesem Thema ernsthafter als bisher zuzuwenden, etwa Fiat und Ford-Köln oder sogar Saab. Ein weiterer Quantensprung war die Einführung des wiederentdeckten Coupédachs zum Versenken. Die bis dahin – und natürlich auch weiterhin – verwendeten elektrohydraulischen Vorrichtungen zum Betätigen eines Textilverdecks, von den seit jeher automatikbesessenen Amerikanern zu höchster Vollendung entwickelt, ließ sich ebenso gut zum Heben und Senken eines Hardtops verwenden. Zwei Autos in einem: Dieser Slogan war jetzt keine bloße Phrase mehr. Blieb das Manko eines stark reduzierten Kofferraumvolumens – aber nicht lange, denn inzwischen hat man ingeniöse Möglichkeiten gefunden, die Dachschale so geschickt der Form des Wagenhecks anzupassen, dass sie die Mitnahme umfangreichen Gepäcks kaum mehr ausschließt.

Eine Zeit lang schien es, als würden immer höhere Sicherheitsanforderungen oder ökologische wie ökonomische Zwänge das Cabriolet oder gar den Roadster eines Tages gänzlich verdrängen. Das ist heute nicht mehr zu befürchten. Entwickler und Fertigungsingenieure liefern genügend Beweise, dass Vernunftsautomobile nicht zwangsläufig Limousinen sein müssen. Selbst die leichtesten und einfachsten »soft tops« der Gegenwart erfüllen die hohen Auflagen, die an ein Serienfahrzeug gestellt werden; ihre Daseinsberechtigung ist nicht in Frage zu stellen. Und es gibt immer mehr Autokäufer, die ernsthaft die Anschaffung eines Cabrios in die engere Wahl ziehen, weil sie trotz aller Widrigkeiten des heutigen Verkehrsgeschehens noch immer Freude am Fahren haben, wie BMW es so schön sagt – am genüsslichen Offenfahren vor allem.

20-21 Als einer der wenigen in den USA gebauten Sportwagen schaffte es die Corvette, weltweiten Ruhm einzufahren.

22–23 2004 galt der Lamborghini Murciélago Roadster mit seinen 580 PS als leistungsstärkster Sportwagen der Welt.

McLaren

Lamborghini

Die Zwanziger- und Dreißigerjahre:
Die Rüstungsindustrie als treibende Kraft

HERAKLITH VON EPHESOS SOLL VOR MEHR ALS 2500 JAHREN GESAGT HABEN, DER KRIEG SEI DER VATER ALLER DINGE. ER KONNTE WOHL KAUM AHNEN, DASS DIESE ERKENNTNIS DEREINST AUCH FÜR DIE AUTOMOBILWIRTSCHAFT GELTEN SOLLTE. DENN ALS DER ERSTE WELTKRIEG BEENDET WAR, PROFITIERTE DIE KRAFTFAHRZEUG-INDUSTRIE EUROPAS, DIE MITTE 1914 EINE JÄHE UNTERBRECHUNG ERFAHREN HATTE, VON TECHNOLOGIEN UND NEUEN PRODUKTIONSMETHODEN AUS DEM RÜSTUNGSWESEN. DIE EINFÜHRUNG UND ERPROBUNG NEUER LEGIERUNGEN, VOR ALLEM LEICHTMETALLE, DIE ERZIELUNG HOHER LEISTUNGEN DURCH AUFLADUNG BEI VERBRENNUNGSMOTOREN RESULTIERTEN AUS DER MILITÄRLUFTFAHRT. DIE TEILS SCHON VOR DEM KRIEGE PRAKTIZIERTE VENTILSTEUERUNG DURCH OBENLIEGENDE NOCKENWELLEN ERFUHR EINE OPTIMIERUNG, MAN BESCHÄFTIGTE SICH MIT HYDRAULISCH BETÄTIGTEN VIERRADBREMSEN UND STROMLINIENFÖRMIGEN KAROSSERIEN. ZUNEHMENDE BEDEUTUNG ERLANGTE DIE RATIONELLE FERTIGUNG, DIE IN EUROPA IM VERGLEICH ZU DEN USA ERST MIT EINIGEM ZEITVERZUG IN GANG KAM. EINE IMMER GRÖSSERE ROLLE SPIELTE DER GESCHLOSSENE AUFBAU, DER VOR 1914 NOCH DIE AUSNAHME DARGESTELLT HATTE. UMSO EXKLUSIVER GABEN SICH NUN DIE CABRIOLETS, DIE BALD ZU STATUSSYMBOLEN WURDEN. ES ENTSTANDEN WUNDERSCHÖNE KREATIONEN IN TECHNISCHER VOLLENDUNG. IHRE PREISWERTEN VETTERN WAREN DIE OFFENEN TOURER OHNE SEITENSCHEIBEN, DIE SICH VOR ALLEM IN DEN USA, ABER AUCH IN ENGLAND GROSSER BELIEBTHEIT ERFREUTEN. ZEITWEILIG WAREN DIE BRITEN DIE ERFOLGREICHSTEN AUTOHERSTELLER EUROPAS, DENN SIE VERFÜGTEN IM COMMONWEALTH ÜBER ENORM AUFNAHMEFÄHIGE EXPORTMÄRKTE, WÄHREND FRANZOSEN, DEUTSCHE UND ITALIENER WEITGEHEND AUF IHRE BINNENMÄRKTE ANGEWIESEN WAREN; DOCH ES GING VORAN. ALS ZU ANFANG DER DREISSIGERJAHRE DIE WELTWIRTSCHAFTSKRISE GRASSIERTE, WAR DIE KURZE BLÜTEZEIT ZU ENDE. VIELE HERSTELLER MUSSTEN AUFGEBEN. ALS SICH DER PROZESS ENDLICH ERNEUT UMZUKEHREN BEGANN, GINGEN WIEDER EINMAL DIE LICHTER AUS: IM SEPTEMBER 1939 FAND DIE PROSPERITÄT ABERMALS IHR ENDE.

Hispano-Suiza H6B

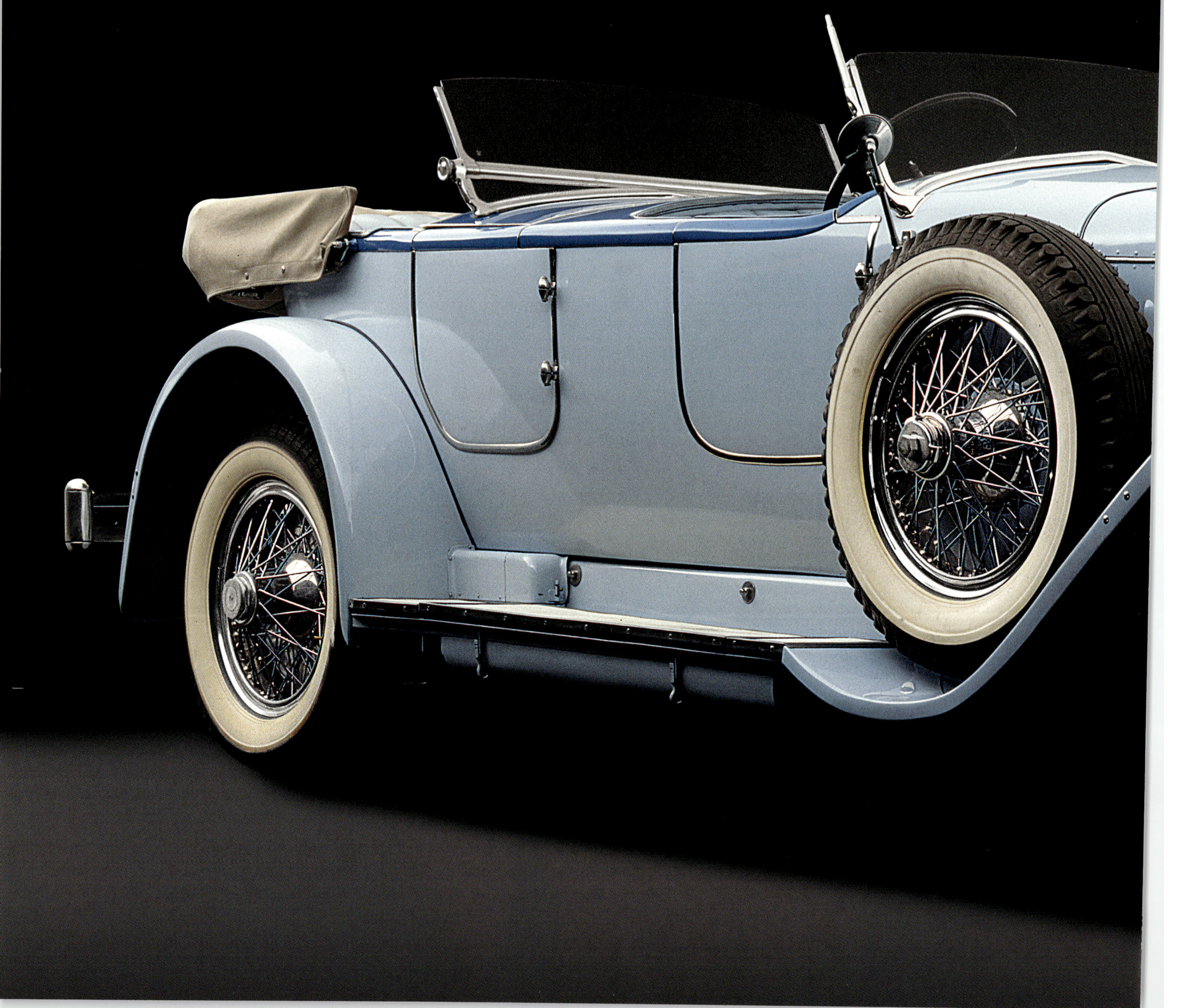

Man schrieb das Jahr 1919, und in Paris fand die erste Automobilausstellung nach dem Kriege statt. Der Spanier Damian Mateu und der Schweizer Marc Birkigt, Gründer der Firma Hispano-Suiza, präsentierten ihr attraktives H6 Cabriolet. Um die Besonderheiten dieses Wagens besser einschätzen zu können, müssen wir etwas zurückblicken und auf die Highlights der Marke eingehen, die 1904 in Barcelona entstanden ist, später eine schwere Krise durchmachte und diese nur durch das Engagement des spanischen Königs Alfonso XIII bewältigte. Er war ein großer Auto-Enthusiast, Hispano-Kunde und stiftete 1909 den ersten Catalunya-Pokal. Hispano-Suiza nahm an diesen Rennen teil, schnitt in den ersten beiden Jahren aber nicht gut ab. 1911 gab es einen ersten Sieg – dank eines neuen 2,6-Liter-Vierzylindermotors, konstruiert von Marc Birkigt. Dem König zu Ehren wurde der neue, leichte Sport-Tourenwagen nach diesem benannt: Alfonso XIII. Um der jetzt steigenden Nachfrage auch im Nachbarland Frankreich entsprechen zu können, wurde eine zweite Fabrik – im Gebäude eines ehemaligen Trambahndepots – in Levallois-Perret bei Paris eingerichtet, doch 1914, nach Beginn des Krieges, setzte man dort den Bau von Automobilen nicht mehr fort, sondern produzierte in einem neuen Werk in Bois-Colombes V8-Motoren für Kampfflugzeuge vom Typ Dewoitine und Mourane-Saulnier. Von 1915 bis 1918 wurden mehr als 50.000 Flugmotoren montiert. Nach Kriegsende sah sich Birkigt mit der Aufgabe konfrontiert, die Fertigung wieder umzustellen; in der gleichen Situation befanden sich Rolls-Royce, Bentley und Isotta Fraschini. Nach einer Probefahrt am Lenkrad eines Versuchswagens mit einem seiner V8-Motoren war Birkigt jedoch der Ansicht, statt der acht Zylinder müssten auch sechs reichen, und schuf einen neuen, leichteren Motor. Mit seinem Aluminiumblock und zwei obenliegenden Nockenwellen durfte er als eine sehr moderne Konstruktion gelten. Aus 6,6 Liter Hubraum ergaben sich gut 120 PS, auf den Boden gebracht durch große Hinterräder. Zu den damals Aufsehen erregenden Besonderheiten des H6 und des ihm nachfolgenden H6B gehörten patentierte Servobremsen mit gerippten Aluminiumtrommeln; die Servopumpe wurde vom Getriebe aus angetrieben. Sicherheitshalber ließen sich die Bremsen vom Fahrer aber auch durch einen Handhebel mechanisch aktivieren. 1926 kam der H6C als Nachfolger des H6B auf den Markt, der noch mächtiger war und dessen mit einem Dreiganggetriebe versehener 8,0-Liter-Motor an die 160 PS leistete. Der Wagen war 180 km/h schnell. Der Sechszylinder-Reihenmotor wurde von Birkigt 1929 durch eine Verdoppelung der Zylinderbänke zu einem V12 modifiziert. 2158 H6, H6B und H6C wurden bis 1933 gebaut.

26–27 und 29 Auch für die Mitfahrenden im Fond gab es eine Windschutzscheibe. Mit diesem extravaganten Zubehör statteten die Karosseriefirmen nur besonders hochwertige Tourenwagen aus. Das zurückgeschlagene Leinwandverdeck mit seinem Gestänge ruhte auf dem Heck.

30 oben und 30–31 Die Kühlerfigur in Gestalt eines Storches entstand in jener Zeit, als Hispano-Suiza im Ersten Weltkrieg für französische Militärmaschinen Flugmotoren produzierte. Der flügelschlagende Storch war das Maskottchen des berühmten Fliegerhelden Georges Guynemer.

Isotta Fraschini
Tipo 8

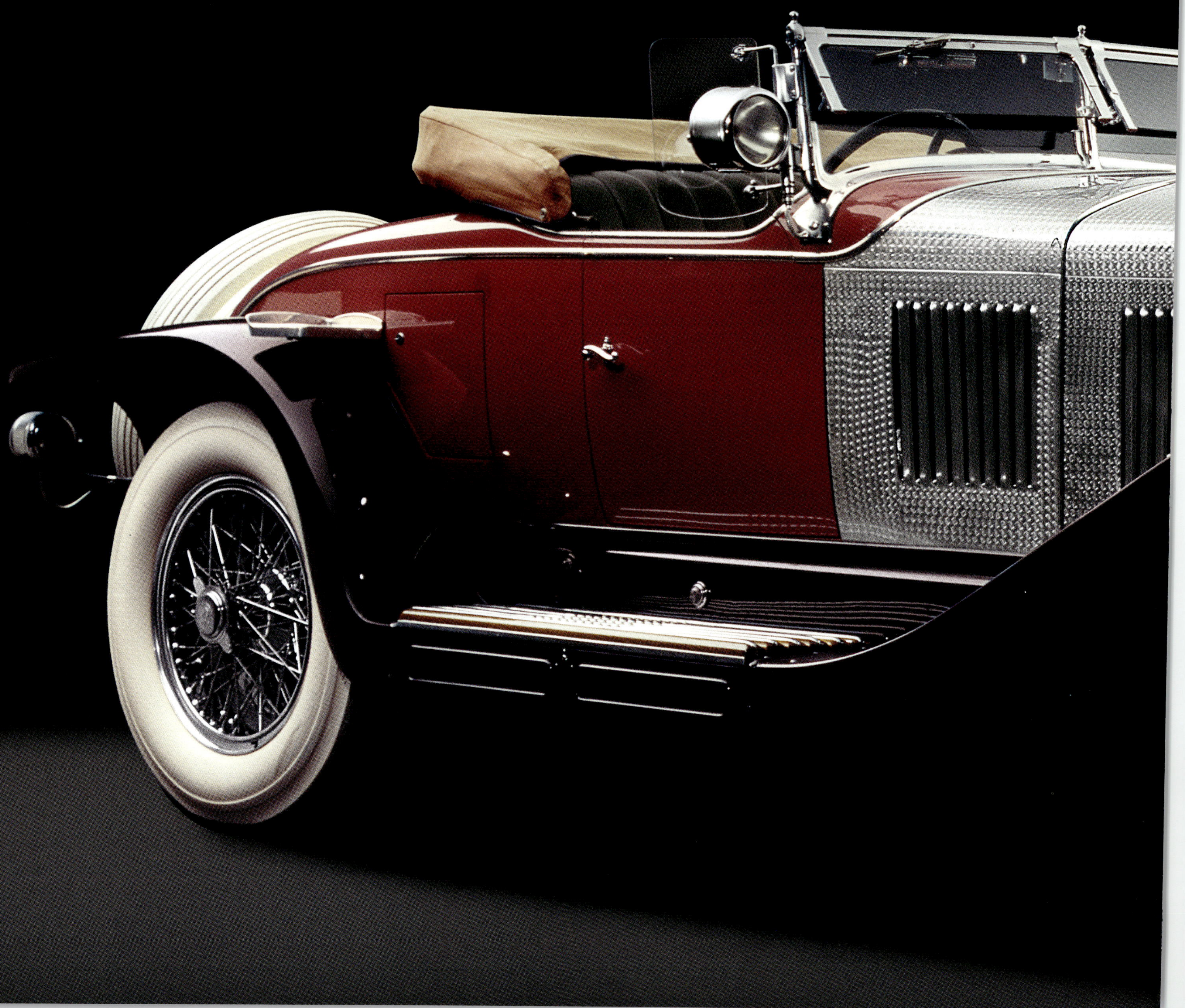

32–33 Mit 3700 mm Radstand ergab sich beim Tipo 8A eine imposante Gesamtlänge. Da dieses feine Automobil in der geringen Stückzahl von nur 950 Exemplaren angefertigt wurde, ist jedes heute noch existierende eine gesuchte Rarität und dementsprechend teuer.

34–35 Einige der schönsten Karosserien für den Tipo 8 entstanden bei der Firma C. Castagna & Co. in Mailand. Unter der langen Motorhaube des Wagens arbeitet ein Reihenachtzylinder, beatmet durch zwei riesige und auch sehr schluckfreudige Zenith-Vergaser.

Die Anfänge der Marke Isotta Fraschini reichen in das Jahr 1900 zurück, als der Kaufmann Cesare Isotta – Importeur französischer Automobile – mit den Brüdern Antonio, Oreste und Vincenzo Fraschini in der Handelsmetropole Mailand eine Firma zum Bau von Motorwagen in eigener Regie gründete. Nicht vor 1902 konnten sie ihr erstes Fahrzeug präsentieren, versehen mit einem französischen De-Dion-Motor. Und es dauerte ein weiteres Jahr, bis eigene, von Isotta selbst gebaute Motoren zur Verfügung standen. Mit einem Isotta Fraschini 24 hp, der auf einen Schnitt von 105 km/h kam, beeindruckten die Italiener 1908 bei einem Rennen in den USA das amerikanische Publikum, und das italienische durch einen Sieg in der Targa Florio. Ein Auto aus der Lombardei, das ein Rennen in den Bergen Siziliens gewann! Weltweite Beachtung fand der erste Isotta Fraschini mit Vorderradbremsen, eine gewagte Innovation zu einer Zeit, in der man gebremste Vorderräder noch als gefährlich erachtete. Das war im Kriegsjahr 1915, als die Isotta-Werke ihre Produktion auf staatliche Anordnung auf die Fertigung von Lastwagen, Flugzeugen und Luft-

schiffen umstellen mussten. Als der Krieg zu Ende war, entstand in Mailand ein wahres Meisterwerk der Automobilbaukunst: der Tipo 8. Mit seinen acht Zylindern in Reihe, einem Gehäuse aus Alumuiniumguss und angeblocktem Dreiganggetriebe markierte der vom Ingenieur Cattaneo geschaffene Motor einen Höhepunkt in der Geschichte der Firma, die vor dem Kriege 50 verschiedene Modelle gebaut hatte. Jetzt setzte man alles auf die Karte eines einzigen Luxusmodells. Die Rechnung ging auf: Jeder dritte Wagen wurde an wohlhabende Kunden in den USA verkauft, wo Isotta Fraschini mit Rolls-Royce zu den gefragtesten Marken der Prestigekategorie zählte. Die Amerikaner liebten das opulente Styling der Karosserien, das liebevoll ausgearbeitete Interieur und die kraftvolle Leistung des Motors. Jedes Fahrzeug wurde mit einer Urkunde geliefert, die garantierte, dass der Wagen mindestens 140 km/h laufe. 1924 folgte der Tipo 8A, dessen Reihenachtzylinder sogar 120 statt 100 PS leistete. 1931 wurde dieses Modell vom Tipo 8B mit Vierganggetriebe abgelöst. Aber das Auto erschien zum falschen Zeitpunkt. Der Weltwirtschaftskrise folgte in den USA eine lange Phase der Depression. Die Umsätze brachen weg. Das Mailänder Werk bekam erst wieder zu tun, als es bei Ausbruch des Zweiten Weltkrieges erneut Rüstungsaufgaben nachkommen musste und Flugmotoren produzierte, die gemeinsam mit dem Partner Giovanni Caproni entstanden, einem bekannten Flugzeughersteller. Das Isotta-Fraschini-Emblem findet man noch heute auf den Zylinderköpfen jener schweren Motoren, die sich in den Schiffen der italienischen Küstenwache und auch in Schiffen anderer Nationen befinden.

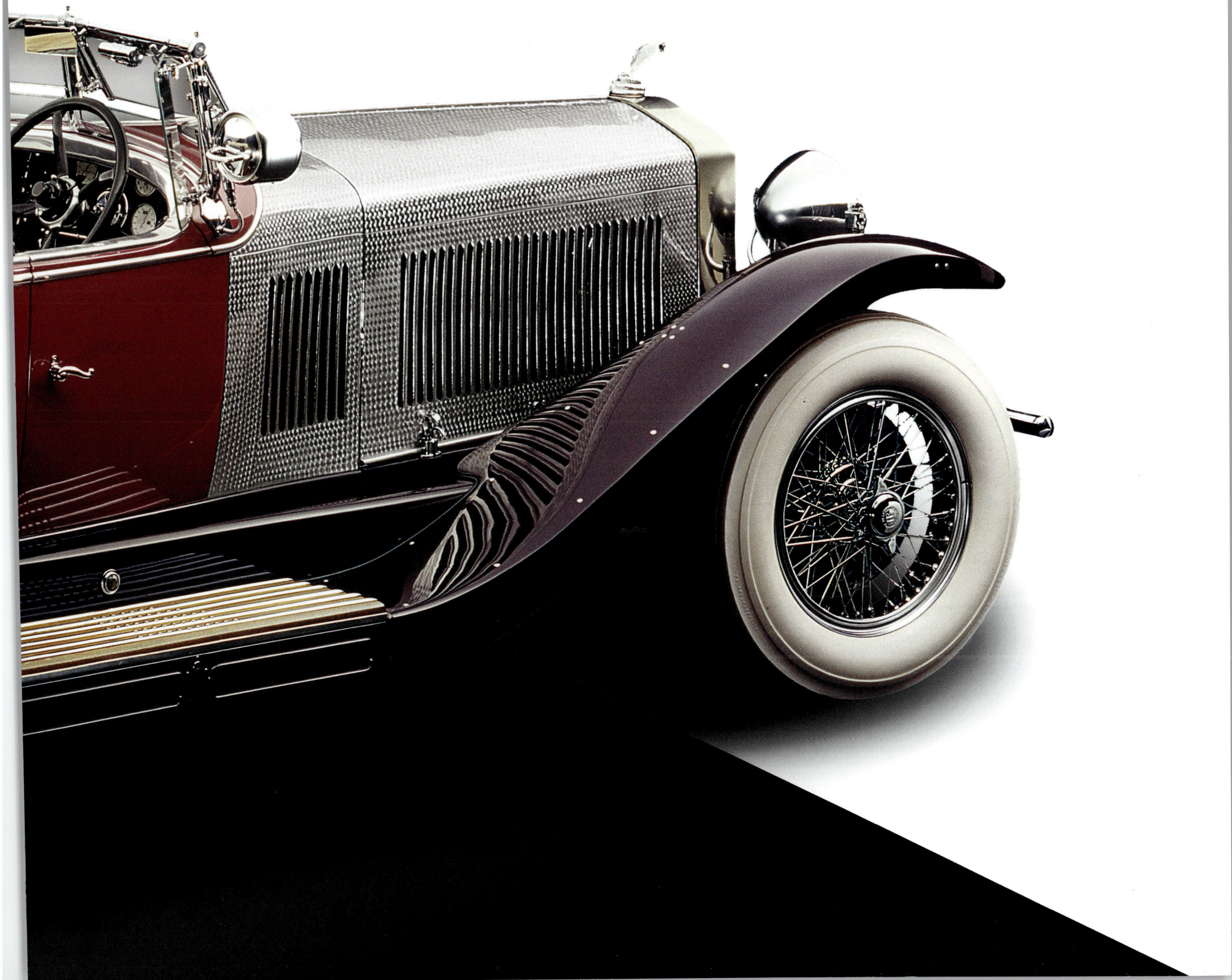

Mercedes-Benz SSK

Das erste S steht für Super, das zweite für Sport, das K für Kurz: Der Mercedes-Benz mit dieser Bezeichnung ist eine der großen Legenden der Marke mit dem Stern. Die Konstruktion des Supersportwagens mit dem kurzen Radstand war schon auf dem Reißbrett auf Rennsiege programmiert, die er in den Jahren 1928 bis 1933 erwartungsgemäß auch einfuhr. Die Geschichte des SSK nahm ihren Anfang, als der von Ferdinand Porsche – damals Chefingenieur bei Daimler-Benz – zwei Jahre zuvor entwickelte Tourensportwagen mit der Chiffre S sich für verschiedene Wettbewerbe als zu schwer und unhandlich erwiesen hatte. Es gab auch ein Modell SS, doch der SSK war kein direktes Derivat davon. So hätte der SSK eigentlich SK heißen müssen. Der Wagen wurde auch als Typ 720 und als 27/180/250 PS bekannt. Bis zum Frühjahr 1932 entstanden in Untertürkheim 31 dieser Fahrzeuge mit 7,1-Liter-Sechszylindermotor und kurzem Fahrgestell. Bei zugeschaltetem Kompressor betrug die Motorleistung je nach Verdichtung und Kompressorgröße 225 bis 300 PS. Mit einem Radstand von 2950 statt 3400 mm beim S und SS war der SSK wesentlich agiler, weil auch leichter, und mit Höchstgeschwindigkeiten von 200 bis 235 km/h vermochten Männer wie Rudolf Caracciola und August Momberger bedeutende Rennsiege in Deutschland, Österreich, England und Irland zu erzielen. Vor allem bei Bergrennen zeigte der Bolide seine Qualitäten, was auch Georg Kimpel bewies, als er 1929 auf einer 2600-km-Parforcetour den Alpenpokal gewann. Eines der elegantesten Exemplare war der für den italienischen Grafen Carlo Felice Trossi mit einer Spezialkarosserie und einem 300-PS-Motor versehene SSK, heute im Besitz des Modezaren Ralph Lauren. Graf Trossi errang mit seinem schwarz lackierten Roadster 1931 die Europa-Bergmeisterschaft.

1929 war als letzte Entwicklungsstufe des S-Wagens der SSKL entstanden, für den der Technische Direktor Hans Nibel verantwortlich zeichnete. Das L stand für Leichtbau, denn dieses Modell wog noch einmal 170 kg weniger als der SSK. Die Gewichtseinsparung hatte man vor allem durch Dutzende von Durchbohrungen am Chassis und vielen andern Teilen erzielt. Am Steuer eines SSKL gewann Rudolf Carraciola 1931 als erster Nicht-Italiener die Mille Miglia. Es gab unter den sieben gebauten Exemplaren auch einen von der Firma Vetter in Cannstatt im Privatauftrag angefertigten Stromlinien-Monoposto: Manfred von Brauchitsch erzielte 1932 auf der Berliner Avus damit einen Schnitt von 194,4 km/h. Wegen seiner unlackierten, lediglich polierten Aluminiumkarosserie bezeichnete ein Berliner Journalist den sensationell schnellen Einsitzer als »Silbernen Pfeil«... Nur sehr wenige Original-SSK und lediglich ein als authentisch identifizierter SSKL haben überlebt.

38–39 Der Mercedes-Benz SSK faszinierte Generationen von Automobil-Liebhabern. Einige Exemplare wurden auf Kunden - wunsch mit Spezialaufbauten versehen, so wie dieser Wagen, den ein französischer Karossier 1931 in einen Tourenwagen im Art-Déco-Stil verwandelte.

38–39 Als der SSK 1928 präsentiert wurde, war er einer der schnellsten und dabei wendigsten Rennsportwagen in Europa. Vor allem bei Bergrennen zeigte der Bolide seine Qualitäten, was auch Georg Kimpel bewies, als er 1929 auf einer 2600-km-Parforcetour den Alpenpokal gewann.

Mercedes-Benz
Mercedes-Benz

Auburn Speedster

Es wäre ein Irrtum anzunehmen, alle berühmten amerikanischen Autos kämen aus Detroit. Der Auburn zum Beispiel stammt aus einer kleinen, gleichnamigen Stadt im Bundesstaat Indiana; die Marke gab es von 1900 bis Ende 1936. Nur Kenner der Automobilgeschichte können mit dem Namen etwas anfangen, und die meisten von ihnen assoziieren ihn mit dem berühmten Zwölfzylinder, der 1932 als Typ 12-160A auf den Markt kam, ausgerechnet in der Zeit der großen Depression in den USA. Unter der langen Motorhaube des Wagens arbeitete ein 162 PS starker V12-Motor mit 6,2 Liter Hubraum. Um den aufwendig gebauten Wagen überhaupt verkaufen zu können, bot die Auburn Motor Co. in für nur 975 Dollar an – mehr kostete auch ein Achtzylinder Dodge nicht. Dennoch blieb der Auburn so gut wie unverkäuflich, denn ein besonders niedriger Preis ließ den Verdacht aufkommen, der Wagen sei von minderer Qualität. So unternahm der Hersteller die Flucht nach vorne und ließ Ende 1934 einen noch schöneren, noch besseren Wagen entstehen, den Typ 851 Speedster mit lang ausladendem Bootsheck und einem Achtzylinder-Reihenmotor von 4,6 Litern Hubraum. Am Neujahrstag 1935 wurde er vorgestellt. Der mit einem Kompressor versehene 130-PS-Motor (mit Aufladung 152 PS) verfügte über

40–41 Der Reihen-Achtzylindermotor hat 4,6 Liter Hubraum und leistet mit Kompressor 152 PS. Der Speedster gehörte mit 2245 Dollar zu den teuersten Autos auf dem US-Markt. Es ließen sich keine 500 Stück absetzen; meist wurden sie von prominenten Schauspielern und Sportberühmtheiten gekauft.

42–43 Weil das Styling des Wagens an eine Yacht erinnerte, bekam diese Karosserieversion den Namen »boat tail«. Es handelte sich um eine damals sehr beliebte Variante des Sportwagen-Spitzhecks ohne aerodynamische Relevanz.

43 Den Auburn gab es mit unterschiedlichen Kühlerfiguren. Dem geflügelten Götterboten folgte 1935 eine stilisierte weibliche Figur in geduckter Haltung.

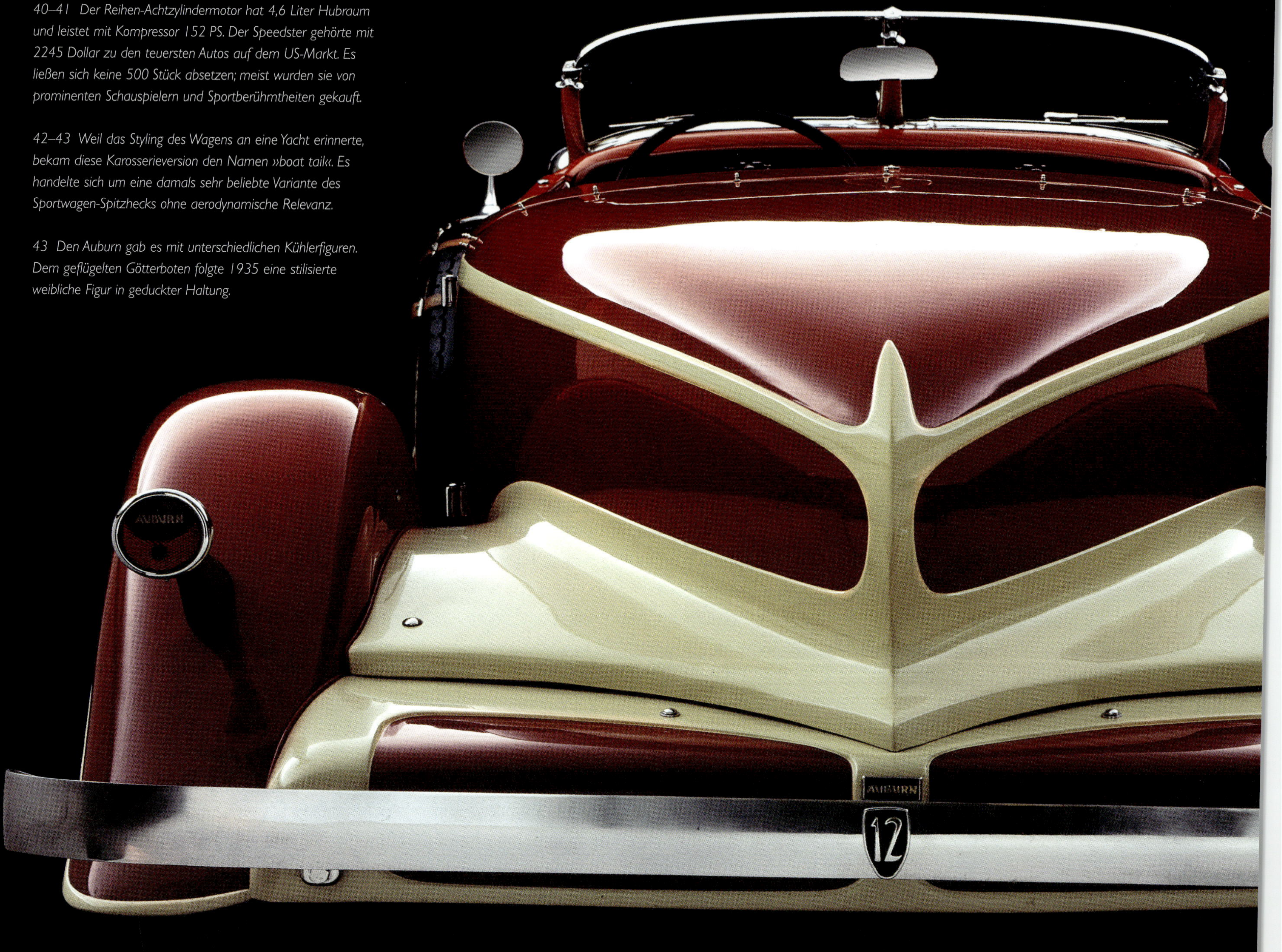

eine enorme Durchzugskraft und beschleunigte den Zweisitzer von Null auf 100 km/h in nur 15 Sekunden. Der Rekordfahrer Ab Jenkins bewegte ein solches Fahrzeug zwölf Stunden lang mit einem Schnitt von 160 km/h, was aber keinen nachhaltigen Effekt zeitigte. Der Speedster rangierte mit 2245 Dollar nun am oberen Ende der Skala und gehörte zu den teuersten Autos auf dem Markt. Obwohl er jeden Cent dieses Preises wert war, ließen sich keine 500 Stück absetzen; etliche wurden von prominenten Schauspielern und Sportberühmtheiten gekauft. Die von Errett Loban Cord geführte Firma – die 1924 Auburn und 1926 auch Duesenberg übernommen hatte – musste 1937 Konkurs anmelden. Auch die anderen Auburn-Modelle wie der 653, der 850 und der 852 hatten kaum mehr Abnehmer gefunden. Die Auburn-Cord-Duesenberg-Gruppe musste aufgeben. Unter ihrem ehemaligen Direktor Glenn Pray kam es 1968 zu einem Revival des Auburn Speedsters, jetzt mit Einzelradaufhängung, Servolenkung und Klimaanlage, genannt 866 und gebaut bis 1981. Doch auch die Produktion dieses Replikats lohnte sich letzten Endes nicht, obwohl es verhältnismäßig preiswert angeboten wurde. Vereinzelt tauchten weitere Kopien auf, zu interpretieren als Hommage an eine Ikone jener klassischen Ära.

Delage D8S

Im Alter von 31 Jahren machte sich der in der westfranzösischen Stadt Cognac geborene Louis Delage als Automobilhersteller selbständig, nachdem er zuvor als Eisenbahn-Ingenieur und danach kurze Zeit für Peugeot tätig gewesen war. Delage quartierte sich im Pariser Industrievorort Levallois-Perret ein, warb den Konstrukteur Augustin Legros von Peugeot ab und begann mit der Anfertigung von Fahrzeugen, für die er Motoren vom Zulieferer De Dion-Bouton einkaufte. Diese Firma versorgte eine ganze Reihe von Unternehmen, die über keinen eigenen Motorenbau verfügten. Ab 1909 stellte Delage auch selbst Motoren her, und zwar solche von höchster Qualität: Der Rennfahrer René Thomas gewann mit einem Delage 1914 immerhin die 500 Meilen von Indianapolis. In den Zwanzigerjahren durfte sich die Marke Delage für ihre Sport- und Reisewagen zunehmend eines international anerkannten Rufs erfreuen, zumal es auch Weltrekorde zu verzeichnen gab wie den von 1924, als ebenfalls durch René Thomas ein »La Torpille« genannter 280-PS-Wagen den Kilometer bei Fliegendem Start mit 280,473 km/h durchmaß. Leider wurde schon eine Woche später dieser Wert von Ernest Eldridge mit einem Fiat überboten. Dafür gewann Delage 1926 und 1927 die ersten beiden Großen Preise von England, ausgetragen auf dem Brooklands-Ring, durch die französischen Teams Sénéchal/Wag-

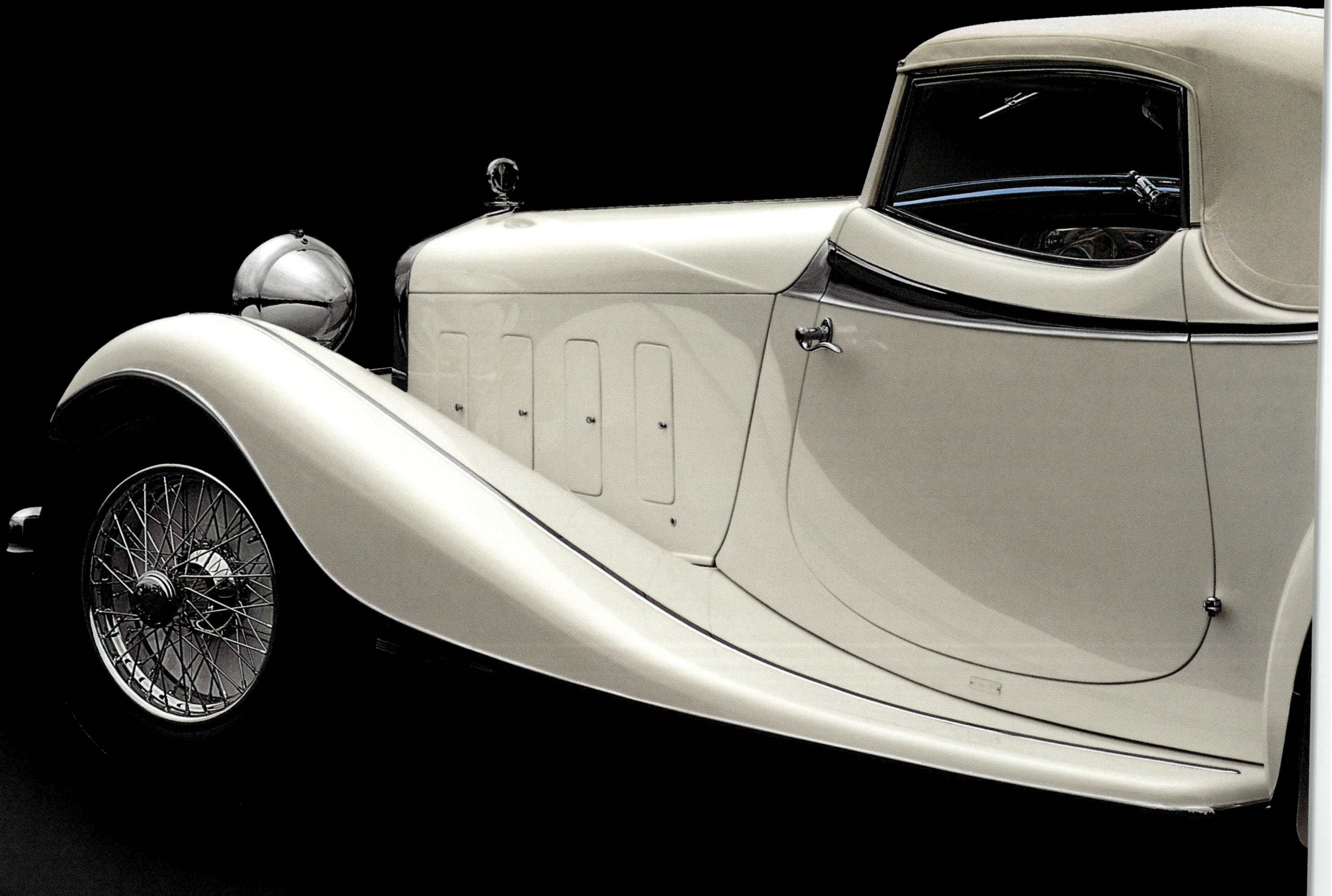

ner und Benoist. Produziert wurden zahlreiche Modelle mit Vier-, Sechs- und Achtzylindermotoren. Mit dem Modell D8 gedachte sich Delage 1929 auch im Segment der Luxusfahrzeuge einen Platz zu erobern, dort wo Rolls-Royce und Hispano-Suiza rangierten. Ganz ohne Zweifel handelte es sich um feine, technisch ausgereifte Automobile, doch die einsetzende Weltwirtschaftskrise machte es Delage schwer, für den D8 Kunden zu finden. Wie viele französische Wagen der Nobelklasse hatte auch der D8 Rechtslenkung: Solche Autos wurden nämlich von professionellen Chauffeuren gefahren, die beim Anhalten rechts ausstiegen und unverzüglich, ohne um das Auto herumlaufen zu müssen, die rechte Fondtür für ihre Herrschaft öffneten. Es gab den D8 in drei Chassislängen, mit 3310, 3435 und 3640 mm Radstand, und 1931 kam eine S-Version hinzu mit dem Sportchassis des D4 mit nur 2800 mm Radstand. In allen Fahrzeugen flüsterte ein 4060-ccm-Reihenachtzylinder von 100 PS; die letzten D8 von 1938/39 gab es auch mit 4300 und 4750 ccm Hubraum und 120 PS Leistung. Eines der wenigen (nämlich 99 insgesamt) Exemplare, die 1933 gebaut wurden, war das Cabriolet des Pariser Karosseriers de Villars. Es war auserkoren, im Delage-Schaufenster an den Champs-Elysées auf einen vermögenden Liebhaber zu warten. Die Marke Delage existierte bis 1953.

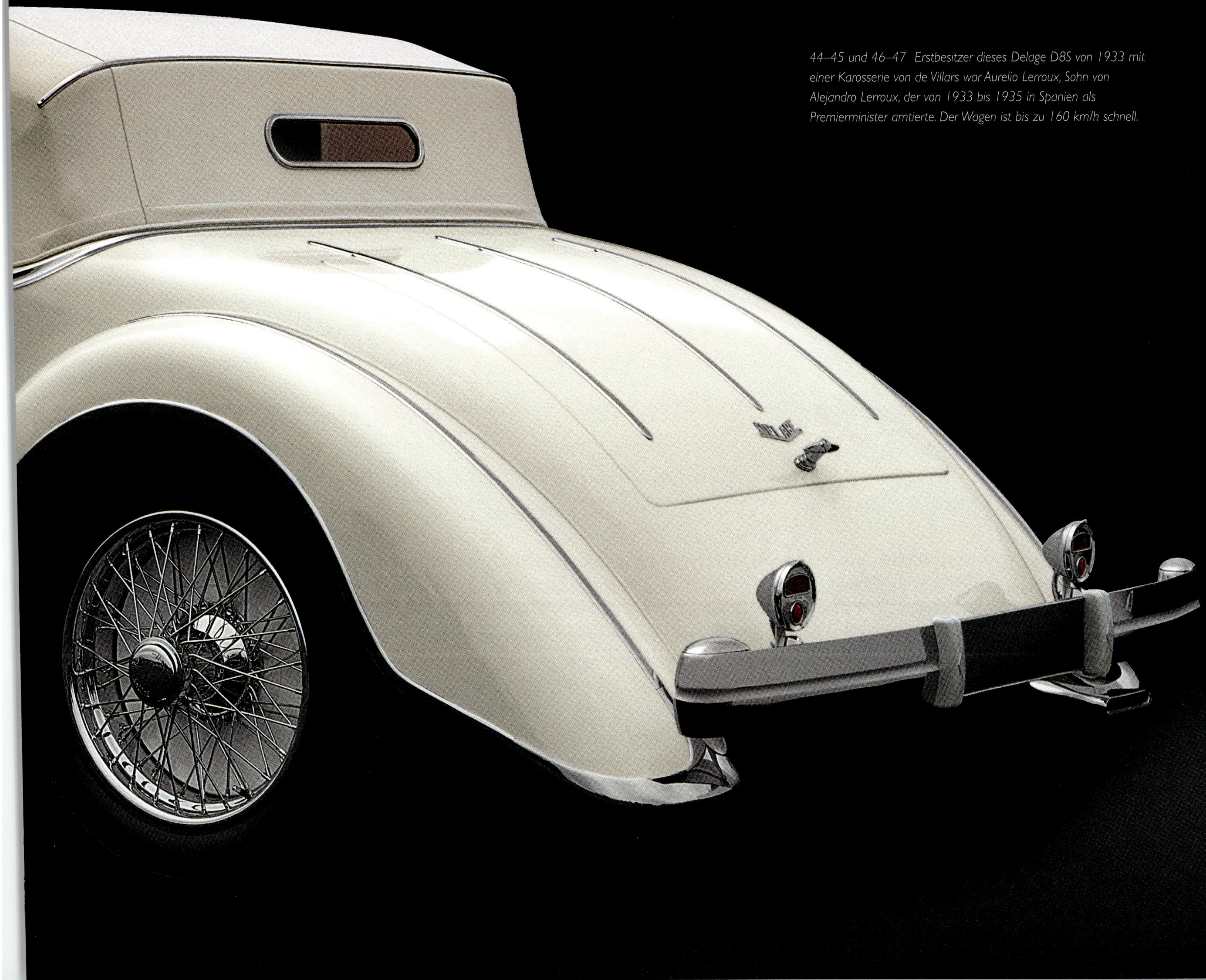

44–45 und 46–47 Erstbesitzer dieses Delage D8S von 1933 mit einer Karosserie von de Villars war Aurelio Lerroux, Sohn von Alejandro Lerroux, der von 1933 bis 1935 in Spanien als Premierminister amtierte. Der Wagen ist bis zu 160 km/h schnell.

Bentley
4.5 Litre

BENTLEY

Man könnte folgern, dass die massive, äußerst kräftige Bauweise der von Walter Owen Bentley in den 1920er Jahren konstruierten Automobile ihre Ursache in der Ausbildung ihres Schöpfers zum Eisenbahn-Ingenieur hat. Die im 24-Stunden-Rennen von Le Mans fünf Mal als Gesamtsieger hervorgegangenen Tourenwagen wurden von Ettore Bugatti – halb spöttisch, halb neidvoll – als »die schnellsten Lastwagen der Welt« bezeichnet. Einen dieser Erfolge durfte Woolf Barnato am Steuer eines 4.5 Litre Vierzylinders verbuchen. Barnato, Erbe einer südafrikanischen Diamantmine, war ab 1925 Hauptgesellschafter der 1919 von W.O. in London gegründeten Firma.

Barnato verdankte Bentley sowohl sportlichen Ruhm als auch geschäftliche Erfolge. Der 4.5 Litre hatte das Zeug zum Siegerwagen, trotz seines hohen Gewichts, denn er bewies seine Qualitäten durch enorme Belastbarkeit und Zuverlässigkeit in den Händen zahlreicher Sportfahrer. Mit 145 km/h war das Auto eigentlich gar nicht einmal besonders schnell, trotz seines 110 bis 130 PS leistenden ohc-Vierventilmotors. Viele Le-Mans-Autos erzielten höhere Geschwindigkeiten, hielten aber nicht durch und verfügten am Ende über keine Reserven mehr. Der 4,5-Liter-Wagen (er wurde so bezeichnet, obwohl sein Hubraum 4398 ccm betrug) von 1927 mit seinem großen, durch Gitterwerk gegen Steinschlag geschützten Tank im Heck und einem enormen Radstand von 3300 mm wurde 720-mal gebaut, meist als offener Tourenwagen, aber auch als Limousine. Seine Rennsportkarriere bildet nur einen Teil seiner Lebensgeschichte, die 1931 endete.

Doch die Konkurrenz holte auf. Deshalb ließ der Bentley-Rennfahrer Henry »Tim« Birkin auf eigene Rechnung eine Serie von 54 Fahrzeugen mit Kompressor ausrüsten. W.O. Bentley erachtete dies zwar als nicht notwendig und verwies auf den abermaligen Sieg eines unaufgeladenen 4.5 Litre 1928 in Le Mans, dennoch setzte Birkin die Realisierung seiner Idee mit Unterstützung durch eine wohlhabende Dame der Gesellschaft namens Dorothy Paget durch und schuf den berühmten Blower-Bentley, die wohl schärfste Ausführung der Vierzylinder-Reihe seit 1919. Das Projekt leitete der Kompressorspezialist Amherst Villiers mit Absegnung durch Barnato. Der Blower-Bentley war nun auf 175 PS erstarkt und mit 200 km/h so schnell wie ein Mercedes-Benz SSK, sein größter Herausforderer.

Doch die Popularität und die Rennerfolge der Marke Bentley reichten nicht aus, der Firma ein Überleben zu sichern. Sie wurde 1931 zum Verkauf ausgeschrieben, und den Zuschlag erhielt Rolls-Royce. Barnato war zur Zeit der Übernahme auf einer Auslandsreise – um den traurigen Augenblick der Bentley-Kapitulation nicht miterleben zu müssen. Mr. Bentley erhielt einen Zweijahresvertrag als Technischer Berater und ging danach zu Lagonda.

48–49 Den von 1927 bis 1931 gebauten 4,5 Liter Bentley gab es meist als offenen Tourenwagen, doch auf Kundenwunsch entstanden auch andere Aufbauten. Wie es häufig praktiziert wurde, wurde das Chassis dieses Fahrzeugs in den 1930er-Jahren mit einer neuen Karosserie versehen.

49 und 50 und 52–53 Seiner Erscheinung nach könnte man diesen Bentley für zehn Jahre jünger halten; seine wahre Identität als Vintage-Tourer verbirgt sich unter den eleganten Linien nach Art des britischen Karossiers Vanden Plas.

Jaguar SS100 2.5 Litre

Der formschöne Jaguar SS100 mit seinen imposanten Scheinwerfern, die den Kühler flankieren, ist ein ganz besonderes Automobil. Die Buchstaben SS in seinem Modellnamen stehen für die 1922 von William Lyons und seinem Freund Bill Walmsley in Blackpool gegründete Firma »Swallow Sidecar«, die erst 1945 den zehn Jahre zuvor für ein Auto erstmals verwendeten Namen Jaguar bekam. Die Swallow Sidecar Company zog 1926 nach Coventry um, nannte sich jetzt Swallow Coachbuilding Company und nahm die Anfertigung spezieller Sportwagenkarosserien auf, ehe ab 1931 komplette Fahrzeuge entstanden. Man verwendete für sie Fahrgestelle und Motoren der benachbarten Firma Standard, und jetzt interpretierte man die Buchstaben SS als »Standard Sports«. Die Swallow-Seitenwagenproduktion wurde verkauft.

Lyons' Autos zeichneten sich durch schlanke, niedrige Silhouetten aus und galten zudem als äußerst preiswert. Als 1936 der Roadster SS100 vorgestellt wurde (die 100 stand für 100 Meilen pro Stunde), bestach er durch sportliche Rasanz und beste Verarbeitung. Der 2663-ccm-Sechszylinder von Standard hatte eine gründliche Überarbeitung erfahren und war von den Ingenieuren William Heynes und Harry Weslake von

52–53 und 54–55 William Lyons konzipierte den SS100 als einen kompakten, wendigen Sportwagen vor allem für kurvenreiche Strecken. Deshalb beschränkte man die Gesamtlänge des Zweisitzers auf 3809 mm und das Gewicht auf 1168 kg.

einem seitengesteuerten in einen kopfgesteuerten Motor verwandelt worden. Mit zwei SU-Vergasern leistete das Aggregat nun 100 statt vorher 70 PS. In zahlreichen Rennen und Rallyes, so auch in der Internationalen Alpenfahrt und in der Mille Miglia, bewies der SS100 seine Qualitäten, selbst wenn er anfangs an einigen Kinderkrankheiten litt. Ab 1938 war der SS100 auch mit einem 3485-ccm-Motor erhältlich, der 125 PS leistete. Nicht mehr als 118 Exemplare wurden insgesamt gebaut, Stück für Stück in Handarbeit. Sicher wären es mehr geworden, hätte der Ausbruch des Krieges 1939 die Produktion nicht unterbrochen. Die Reputation des im Motorsport so erfolgreichen SS100 übertrug sich auch auf die Limousinen mit gleicher Motorisierung (es gab indessen auch einen 1,7-Liter-Vierzylinder). Die geschlossenen Wagen kamen auf höhere Stückzahlen und stellten daher das Kerngeschäft des Unternehmens dar. Die vollendeten Karosserielinien all dieser und auch späterer Fahrzeuge der Marke Jaguar stammten übrigens vom Firmenchef persönlich: William Lyons besaß ein sicheres Gefühl für automobile Ästhetik. Walmsley hatte 1934 das Unternehmen verlassen – was er später sicher bereut haben dürfte.

Mercedes-Benz 540K

Eine Auflistung deutscher Traumwagen wäre nicht vollständig, würde der Mercedes-Benz 540K fehlen. Er zählt zu den Legenden mit dem Mercedes-Stern, wegen seiner technischen Vollendung und den ästhetischen Karosserien, mit welchem Daimler-Benz die großen Achtzylinderwagen bestücken ließ. Gerade die im Werk Sindelfingen hergestellten Aufbauten sowohl für den 500K (1934–36) als auch den 540K (1936–39) zeichneten sich durch Eleganz und gelungene Proportionen aus.

Bei aller Leistungsentfaltung waren die Luxusautos selbst in zweisitziger Ausführung jedoch nicht als Sportwagen zu bezeichnen; 110 (mit Kompressor 160) PS beim 500K bzw. 115 (180) PS beim 540K standen Fahrzeug-Leergewichte bis zu 2,6 Tonnen gegenüber. Die Kompressoren waren keine Tempobeschleuniger, um auf den wenigen, erst im Bau befindlichen Autobahnen hohe Reiseschnitte zu erzielen; vielmehr war den Ladern die Aufgabe zugedacht, Kraftreserven zu mobilisieren, wo man sie benötigte, etwa an Steigungen. Der Kompressor lief nicht in ständigem Eingriff, wie auch schon bei den S-Modellen, sondern wurde erst bei völligem Niedertreten des Gaspedals aktiviert. Das Vierganggetriebe hatte

56–57 Die im Werk Sindelfingen angefertigten Aufbauten zeichneten sich durch eine vollendete Formgebung und hohe Qualität aus. Seit 1915 werden hier, in einem Vorort von Stuttgart, für Daimler-Wagen Karosserien produziert.

58–59 Die harmonischen Linien des Mercedes-Benz 540K stammen von Hermann Ahrens, der vorher für Horch gearbeitet hatte. Nur sehr wenige Käufer machten von der Option Gebrauch, sich ihren Achtzylinder bei einer anderen Karosseriefirma einkleiden zu lassen.

einen zusätzlichen Schnellgang (0,76 übersetzt), der die Drehzahlen niedrig hielt. Vorn wiesen die Fahrzeuge Doppelquerlenker und Schraubenfedern auf, hinten eine Pendelachse mit Doppelschraubenfedern. Die Vakuumbremsen verzögerten vorzüglich. Drahtspeichenräder gab es beim Cabriolet serienmäßig. Die reizvollste Version war das »Autobahnkurier« genannte Coupé, das teuerste der Spezialroadster. Es ist nicht verwunderlich, dass viele ranghohe Exponenten des Dritten Reichs sich in solchen Fahrzeugen chauffieren ließen, am liebsten in viertürigen Cabriolets. Seinen ersten Auftritt absolvierte der 540K auf dem Pariser Automobilsalon 1936, und mit Ausnahme einiger weniger Fahrzeuge, die bis 1944 für die Regierung gebaut wurden, endete die Produktion Anfang 1940. Ein speziell für den Luftmarschall Hermann Göring angefertigtes Cabriolet, später »Blaue Gans« genannt, fiel den Amerikanern in die Hände, als sie im April 1945 das Führer-Refugium Berchtesgaden eroberten. Dieses Auto weist einen etwas zurückversetzten Fahrersitz auf, weil der recht korpulente Mann sonst nicht hätte selber fahren können, und hat Spuren von Einschüssen, aus denen hervorgeht, dass jemand feststellen wollte, ob das Fahrzeug gepanzert ist.

Wer einen 540K bestellte, hatte die Wahl zwischen neun Karosserien und zwei Radständen (3290 und 2980 mm). Der 5401-ccm-Kompressormotor drehte maximal 3400 Touren und verkonsumierte gut und gerne 30 Liter auf 100 Kilometer – mindestens.

60–61 Der 540K Spezial-Roadster kostete 28.000 Reichsmark – ein Betrag, für den man in den Dreißigerjahren schon ein mittleres Einfamilienhaus bekam.

Lagonda LG45 Rapide

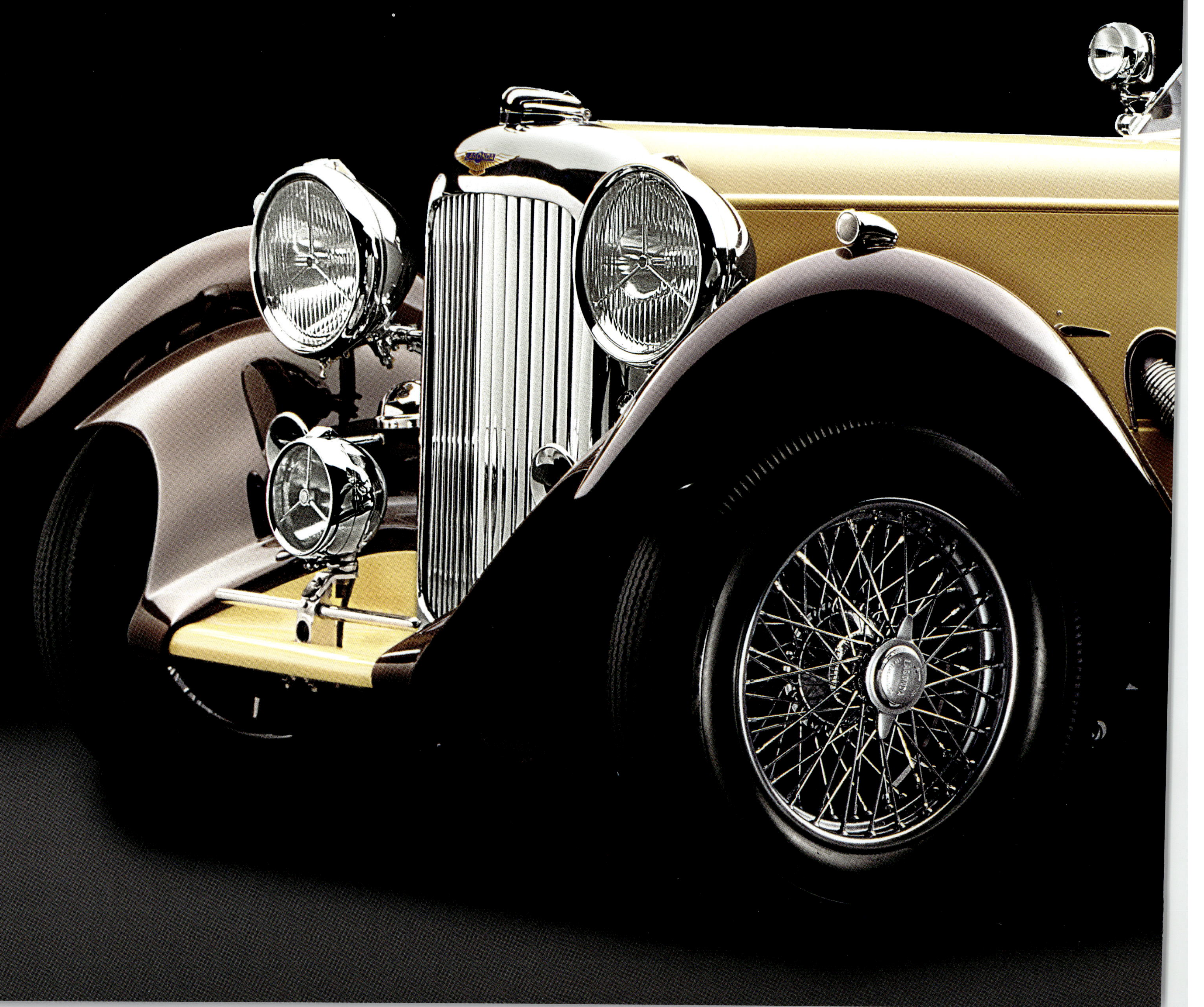

Der Amerikaner Wilbur Gunn, der eigentlich Opernsänger werden wollte, kam 1894 nach England und avancierte dort entgegen seiner ursprünglichen Pläne zum Automobilhersteller. Der von ihm gewählte Markenname Lagonda bezog sich auf einen kleinen Fluss in seiner Heimat Ohio, der Lagonda Creek hieß. Gunns erste Kreationen waren Motorräder mit De-Dion-Motoren, gefolgt von Dreiradwagen. Das erste vierrädrige Automobil erschien 1907, ein konventioneller Tourenwagen mit 1100-ccm-Vierzylindermotor, als dessen Weiterentwicklung ein 11.9 HP genanntes Modell entstand, das sogar dem russischen Zaren imponierte, gebaut von 1919 - 1926 bis zu seiner Ablösung durch den Two-Litre 14/60 HP. Dieser Typ erwies sich trotz eines relativ hohen Preises schon bald als ein Bestseller, vor allem wartete er mit Qualitäten auf, die ihn für den Einsatz im Motorsport interessant machten. Sein 60 PS leistender Vierzylindermotor mit zwei hochliegenden (nicht ohc) Nockenwellen bewährte sich in zahlreichen Wettbewerben; 1931 wurde der Privatfahrer Lord de Clifford mit einem Two-Litre Vierter im Gesamtklassement der Rallye Monte-Carlo, und 1930 errang sein Landsmann Couper mit einem identischen Wagen den begehrten Alpenpokal. 1935 kam ein Lagonda im 24-Stunden-Rennen von Le Mans sogar auf den ersten Platz in der Gesamtwertung. Solche Erfolge sorgten zwar für Popularität, dennoch bewegte sich der Absatz der in Staines, Middlesex, produzierten Wagen im unrentablen Bereich. Der Geschäftsmann Alan Good rettete die Firma vor dem Bankrott und beauftragte keinen Geringeren als Walter Owen Bentley mit der Konstruktion eines neuen Wagens. Nach der Übernahme seiner Firma durch Rolls-Royce war Bentley nur allzu glücklich, sich einer neuen Herausforderung stellen zu können und entwickelte für Good einen brillanten Sechs- und auch einen Zwölfzylinder. Mit dem V12 gedachte Lagonda gegen den Rolls-Royce Phantom III antreten zu können. Der Le-Mans-Sieger M45 Six und sein 1936 daraus entstandener Nachfolger LG45 stellten technische Preziosen dar, und durch die Bestückung mit bestechend schönen Karosserien – viele waren das Werk des Stylisten Frank Feeley – gehörten diese Automobile in die gleiche Kategorie wie ein Mercedes-Benz 540K. Solche Vergleiche nahm

Mr. Bentley natürlich nur ungern zur Kenntnis. Mit ihrer optimal ausgelegten Federung und Dämpfung taugten die Lagonda-Sechszylinder zu idealen Langstrecken-Tourenwagen. In der Ausführung Rapide wartete der Reihensechszylinder mit 130 PS auf, gut für eine Spitze von 160 km/h. Ein Tempo, das auf englischen Straßen weit über dem gesetzlich erlaubten Limit lag. Etwa 280 Wagen wurden hergestellt, und jeder überlebende ist heute ein Vermögen wert.

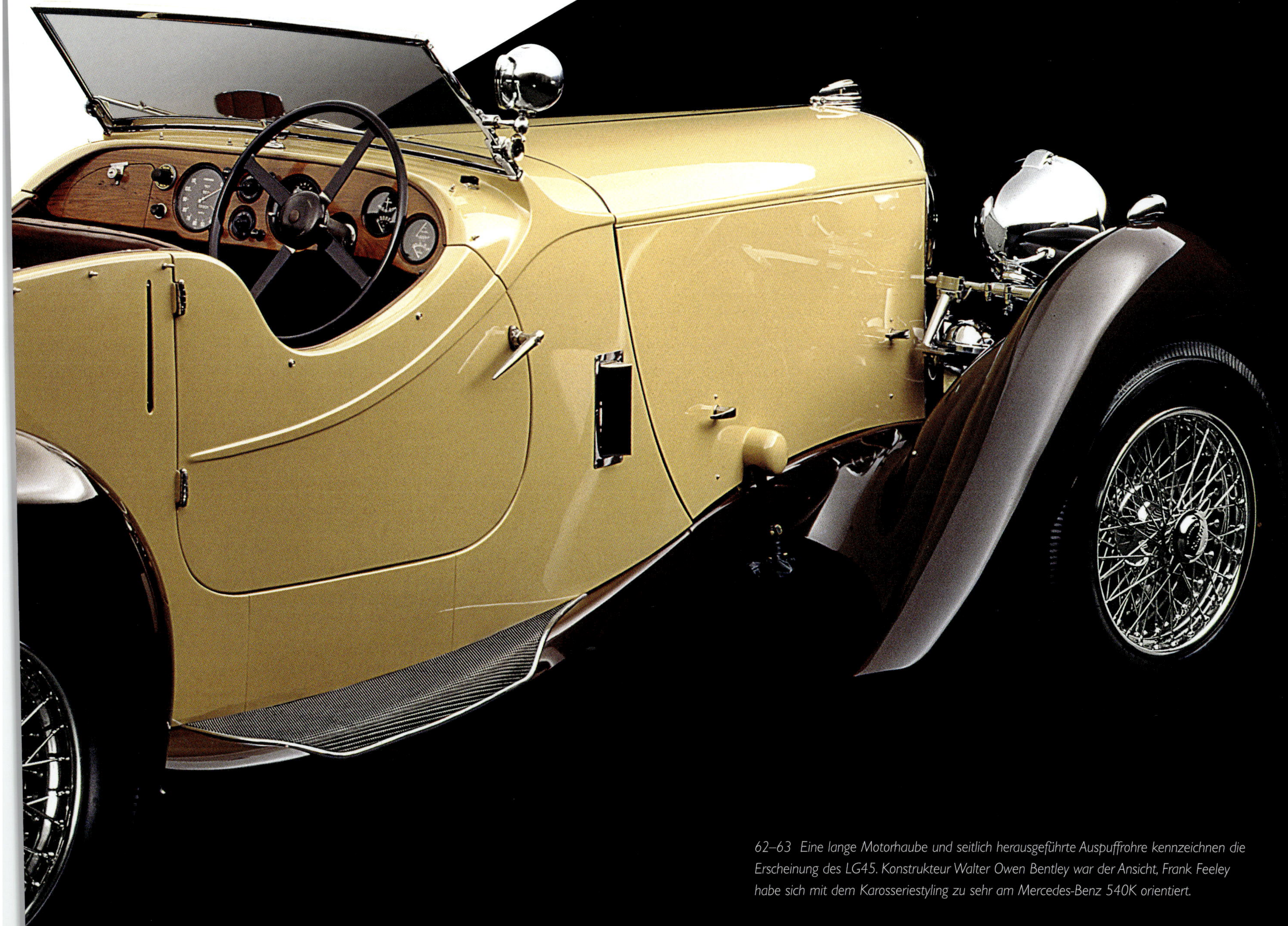

62–63 Eine lange Motorhaube und seitlich herausgeführte Auspuffrohre kennzeichnen die Erscheinung des LG45. Konstrukteur Walter Owen Bentley war der Ansicht, Frank Feeley habe sich mit dem Karosseriestyling zu sehr am Mercedes-Benz 540K orientiert.

Horch 853A

Als 1937 der Horch 853 vorgestellt wurde, fand er hohe Anerkennung als ein technisches Meisterwerk. Die erst wenige Jahre zuvor entstandene Auto Union versprach sich von diesem anspruchsvollen Wagen, der ein Gegenstück zum Mercedes-Benz 540K darstellte, eine gute Nachfrage insbesondere durch die Rennerfolge ihrer von Ferdinand Porsche konstruierten Grand-Prix-Wagen. Horch-Achtzylinder hatten schon in den Zwanzigerjahren einen exzellenten Ruf; es gab unendlich viele Typen und Varianten. Der 853 und der in einigen Details, etwa Getriebe- und Achsübersetzungen betreffend, von ihm abweichende 853A war ein sogenanntes Sport-Cabriolet mit einem Radstand von 3450 mm und einer imponierenden Gesamtlänge von 5350 mm, was ihn zu einem komfortablen Viersitzer machte. Der Achtzylinder-Reihenmotor wies ein Hubvolumen von 4944 ccm auf, die Leistung betrug 120 PS. Die obenliegende Nockenwelle wurde durch eine Königswelle mit Kegelrädern angetrieben, die Kurbelwelle war zehnfach gelagert. Das Vierganggetriebe wies einen zusätzlichen »Ferngang« auf, der mit 0,714 untersetzt war und auf den noch neuen Autobahnen ein drehzahlschonendes Dahingleiten mit 120 bis 135 km/h ermöglichte. Das Chassis war ein Kastenrahmen mit Saugluft-Bremsen, vorderer Einzelradaufhängung und

66–67 und 68–69 Dieser 1937 von Voll & Ruhrbeck karossierte Horch 853 war einer der Preisträger des Concours d'Elégance in Pebble Beach, 2009. Den Zweiten Weltkrieg hatte das Cabriolet unbeschadet in Frankreich überlebt und war von dort in die Schweiz gelangt, wo es ein amerikanischer Sammler klassischer Fahrzeuge entdeckte.

hinterer Doppelgelenkachse. Vom 853 wurden bis Ausbruch des Krieges 627 Stück hergestellt, vom etwas teureren 853A waren es 397. Mit 15.200 Reichsmark rangierte der 853A weit unterhalb vom Mercedes-Benz 540K, der mit vergleichbarer Karosserie immerhin 22.000 Reichsmark kostete. Der überwiegende Teil der Horch Sport-Cabriolets wurde mit Aufbauten der Karosseriefirma Gläser in Dresden versehen, doch es gab auch von Erdmann & Rossi in Berlin oder von Voll & Ruhrbeck in Essen karossierte Einzelexemplare.

August Horch, seit 1899 im Automobilgeschäft, war für seine Qualitätsautomobile weit über die Landesgrenzen hinaus bekannt. Nach Disputen mit seinen Partnern, die Horchs kostspieliges Engagement für den Motorsport missbilligten, hatte er 1909 das von ihm etablierte Unternehmen verlassen und in Zwickau eine neue Firma gegründet, deren Produkte schon bald eine ebenso hohe Reputation genossen: Audi. Als 1932 die Auto Union als Zusammenschluss der bedeutendsten sächsischen Autohersteller entstand, kamen die beiden Fabrikate (gemeinsam mit Wanderer und DKW) wieder zusammen. Dem Werk Horch kam insoweit eine Führungsrolle zu, als dort die Rennwagen der Auto Union angefertigt wurden. Klar, dass auch der Spitzenpilot Bernd Rosemeyer einen Horch-Sportwagen fuhr.

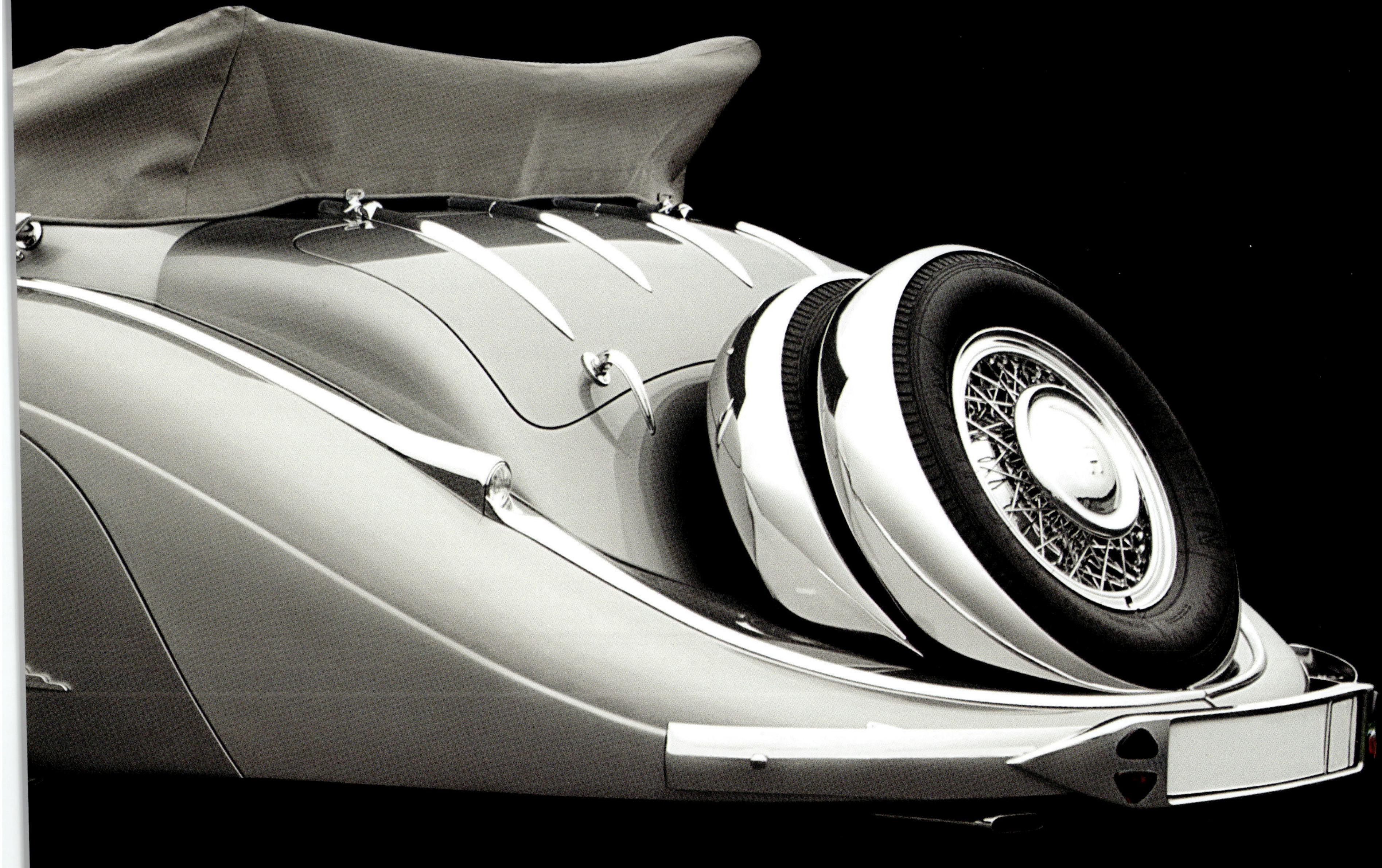

Peugeot 402 Éclipse

Eine erst vor wenigen Jahren wieder aktuell gewordene technische Besonderheit ist das feste Coupédach, das sich im Fahrzeugheck versenken lässt und ein geschlossenes Auto dadurch zu einem Cabriolet macht. Dabei handelt sich nicht um die Erfindung eines berühmten Ingenieurs. Es war vielmehr ein Zahnarzt, der auf diese geniale Idee kam. Der Mediziner namens Georges Paulin betrieb eine Praxis in Paris und war ein Liebhaber extravaganter Automobile, der sich 1931 seine Konstruktion patentieren ließ und in der Karosseriefirma Pourtout einen Partner fand, der sie in die Realität umsetzte. Hatte es vor dem Ersten Weltkrieg für ein und dasselbe Chassis Wechselkarosserien für Sommer- und Winterbetrieb gegeben, so vereinigten sich in Paulins »Coupé Décapotable Éclipse« beide Karosserien in einer. Der Zahnarzt, später ein Widerstandskämpfer während der deutschen Besetzung Frankreichs, konnte den Peugeot-Händler Emile Darl'Mat veranlassen, bei Marcel Portout eine Anzahl von Fahrzeugen mit der Klappdach-Karosserie in Auftrag zu geben. Mit ihr entstanden einige Modelle 301, 401 und 601, denen weitere Éclipses auch anderer Fabrikate folgten. Mit dem Paulin-Pourtout-Dach entstanden somit einige Lancia Belna, Hotchkiss und Panhard-Levassor. Bei Peugeot erkannte man den Wert der Erfindung; das Unternehmen kaufte Paulin die Nutzungsrechte ab und war damit deren Alleininhaber. Es begann eine Serienfertigung, die sich auf das Modell 402 LE konzentrierte; bis 1940 wurden 384 Éclipses gebaut. Der Motor dieses fünf Meter langen Wagens war ein Vierzylinder mit 1991 ccm Hubraum und 55 bis 58 PS Leistung. Angeboten wurde eine Ausführung mit handgeschaltetem Dreiganggetriebe sowie einer mit elektromagnetischer Schaltung, bei der es einen zusätzlichen vierten Gang gab. Das weit ausladende Heck, unter welchem das versenkbare Dach verschwand, bot natürlich kaum noch Platz für Reisegepäck, wenn man offen zu fahren vorzog. Der Vorgang des Öffnens und Schließens vollzog sich nur langsam und benötigte viel Batteriestrom, weshalb Peugeot 1938 dazu überging, die Betätigung auch durch eine Handkurbel zu ermöglichen.

Die Éclipse schien in Vergessenheit geraten zu sein, bis Ford 1957 das Modell Fairlane 500 Skyliner mit einem »retractable roof« präsentierte, angeblich eine Weltneuheit. Niemand widersprach. Doch die Idee wurde nach einer längeren Zeitspanne erneut aufgegriffen, von Japanern, Deutschen – Mercedes-Benz SLK 1996 – und schließlich 1999 von den Franzosen selbst: Der neue Peugeot 206 CC wies ein elektrohydraulisches Klappdach auf und erfreute sich eines lebhaften Kundenechos. Er avancierte zum meistverkauften Cabriolet in Europa. Inzwischen führen zahlreiche weitere Hersteller solche Modelle im Programm.

70–71 *Wie sämtliche Fahrzeuge jener Epoche, wies auch der Peugeot 402 eine Öffnung im Kühlergitter auf, durch die man eine Kurbel zum Andrehen des Motors stecken konnte, im Falle die Batterie schwächelte, etwa infolge zu häufigen Betätigens des Dachmechanismus.*

72–73 *Abgesehen von seiner genialen Dachversenkung war der Peugeot in technischer Hinsicht eher konservativ, verglichen mit dem zeitgenössischen Citroën Traction Avant, der Fronantrieb und eine selbsttragende Ganzstahlkarosserie aufwies.*

BMW 328

Der BMW 328 hatte das Zeug zu einer Legende. Der von 1936 bis Ende 1939 gebaute Sportzwei - sitzer bot etliche technische Raffinessen, sah hervorragend aus und war ebenso schnell wie zuverlässig. In den Dreißigerjahren und auch noch eine Zeit lang nach dem Zweiten Weltkrieg dominierten er und seine Derivate die Zwei-Liter-Klasse in allen bedeutenden Wettbewerben. Seinen ersten Auftritt gab der kompakte, nur 3900 mm lange Zweisitzer beim Eifelrennen auf dem Nürburgring 1936, als Ernst Henne gegen eine Armada stärkerer Fahrzeuge den Sieg davontrug. Es folgten zahlreiche weitere Einsätze der zunächst als Prototypen gebauten Wagen, viele absolviert von Engländern und auf britischem Boden. Als der BMW 328 im Jahr 1937 in Serie ging, hatte er bereits einen hohen Bekanntheitsgrad. Für die von Hand in Eisenach gebauten Roadster gab es lange Wartelisten; bevorzugt wurde die Rennsportprominenz beliefert. Als Reisewagen taugte der 328 wenig, denn die Möglichkeiten, Gepäck zu verstauen, waren minimal; auch im Cockpit ging es eng zu. Das Auto wog 830 kg und lief an die 150 km/h. Der 80 PS starke Zwei-Liter-Sechszylinder war eine raffinierte ohv-Konstruktion mit Aluminiumkopf und drei Solex-Vergasern; er barg ein interessantes Tuning-Potenzial, das viele Privatfahrer nutzten, um ihre Autos noch leistungsstärker zu machen Es gab Ausführungen mit 120 bis 130 PS. Die Brennräume im Zylinderkopf waren hemisphärisch geformt. Der Leichtbau-Rohrrahmen wies vorne Querlenker und eine Querfeder auf, die Hinterachse war starr und an Längsblattfedern geführt. Der 50-Liter-Tank im Heck ließ sich durch einen 100-Liter-Tank ersetzen. Die Siege des BMW 328 gingen in die Hunderte. Direkte Nachfahren des 328 sind die nach dem Kriege entstandenen Bristol und Frazer Nash. Mit Spezialkarosserien versehene 328 siegten auch in dem letzten bedeutenden Rennen, das sie bestritten – in der 1940er Mille Miglia, mit dem 1., 3., 5. und 6. Platz. Sieger wurde das Team Walter Bäumer/Fritz Huschke von Hanstein. Das bei der Firma Touring in Mailand karossierte Aluminiumcoupé kam später in die USA und gelangte erst vor nicht allzu langer Zeit in die Hände von BMW zurück. Es gab auch Spezial-Cabrioaufbauten von anderen Herstellern, etwa Weinberger, Drauz und Wendler. Wer eine solche Sonderausführung orderte, tat dies, um mehr Platz für Gepäck und um statt des Roadsterverdecks ein gefüttertes Dach für den Ganzjahresbetrieb zu erhalten. 461 Exemplare des 328 sind insgesamt gebaut worden.

74–75 Der Verzicht auf außenliegende Türgriffe dürfte weniger aus aerodynamischen Gründen erfolgt sein; ausschlaggebend waren wohl Gewichts-. und Kosteneinsparung. Will man die Türen öffnen, muss man nach innen greifen.

76–77 Zum sportlichen Auftritt de BMW 328 gehören die beiden Lederriemen über der Motorhaube. Die Riemen schrieb einst das Reglement verschiedener Rennveranstaltungen vor, sie waren zum Beispiel obligatorisch in Le Mans.

77 In der Standardausführung produziert der Zwei-Liter-Sechszylinder 80 PS, doch bei in Rennen eingesetzten Fahrzeugen leistete er 100 bis 136 PS. Die strömungsgünstige Karosserie trug zum Erreichen hoher Geschwindigkeiten bei.

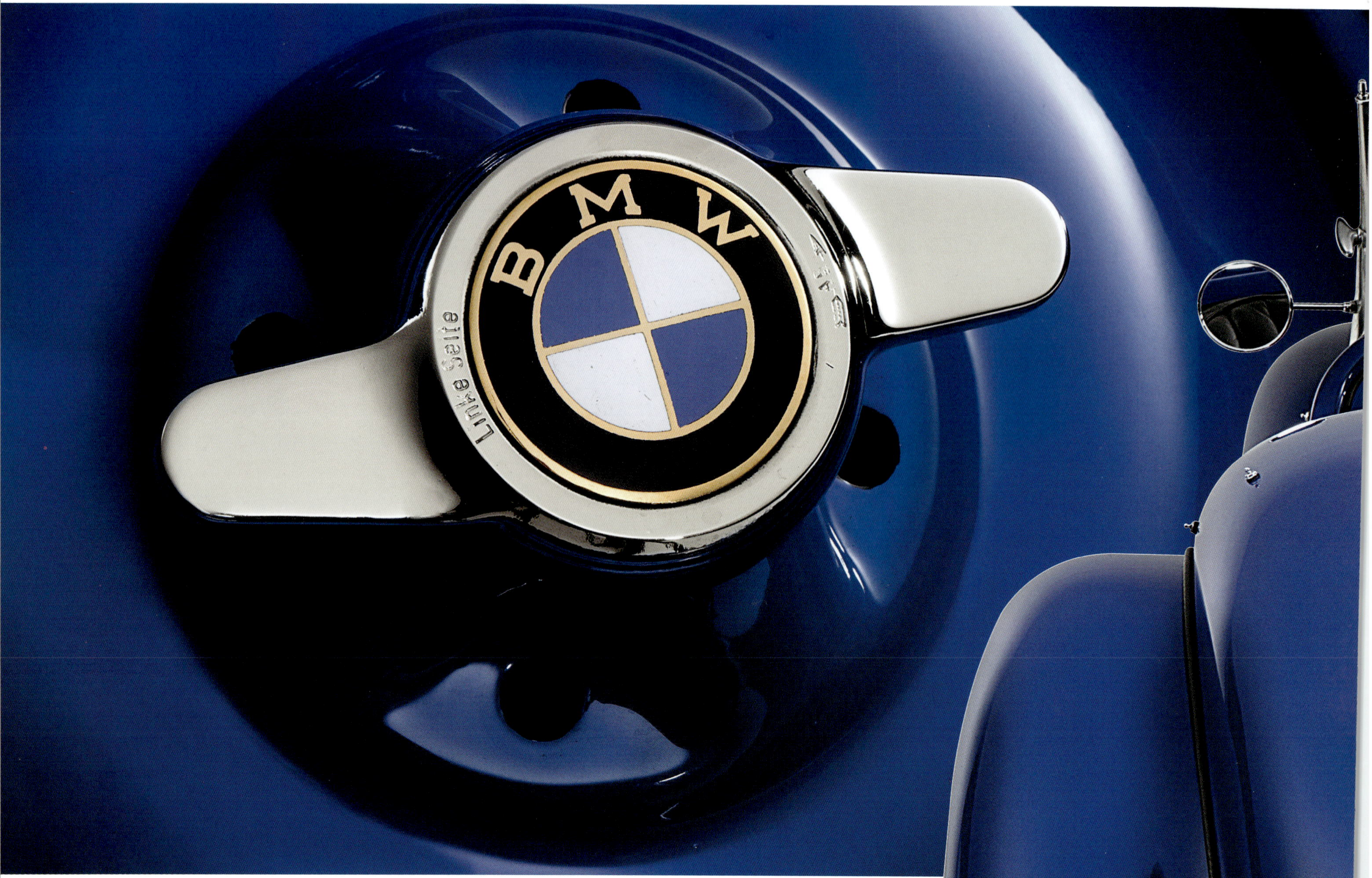

78 Nicht nur vor dem Kriege dominierte der BMW 328 die Zwei-Liter-Renn- und Sportwagenklasse. Noch bis Mitte der Fünfzigerjahre traten viele Exemplare oder von ihnen abgeleitete Derivate erfolgreich gegen stärkere Konkurrenten an.

78–79 Liebevoll restaurierte 328 nehmen heute an vielen historischen Veranstaltungen teil, so auch an der wiedererstandenen Mille Miglia. Hier beweisen auch regelmäßig teilnehmende Exponate des BMW Werksmuseums, dass sie voll einsatzfähig sind.

Bugatti Type 57SC

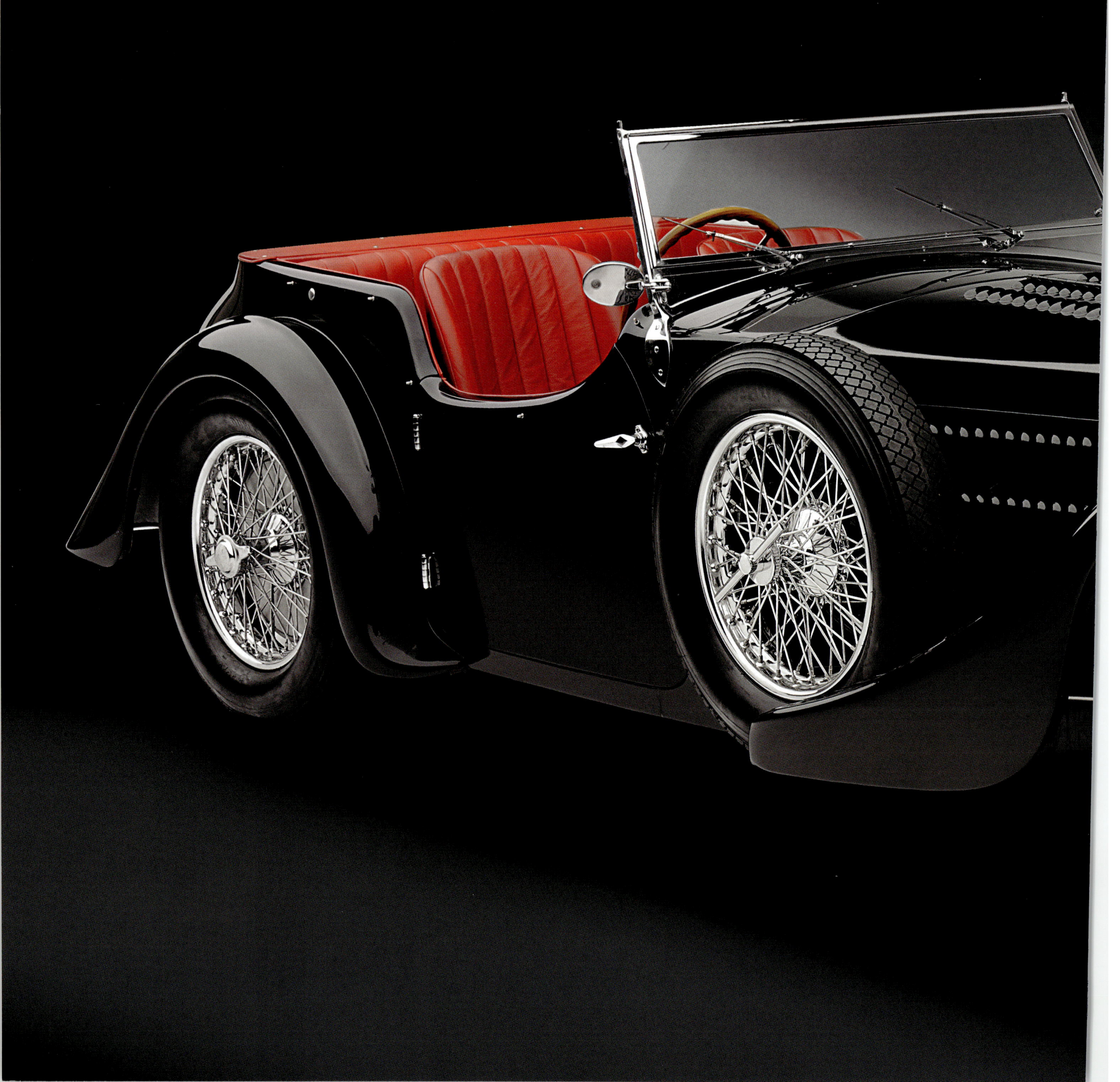

Der Startschuss für das Projekt 57 fiel 1932. Es betraf einen Wagen, der den etwas zu teuren 5,0-Liter-Typ 50 ablösen sollte. Für die Entstehung dieser letzten großartigen Bugatti-Baureihe zeichnete Ettores ältester Sohn Gianoberto, genannt Jean, verantwortlich. Jean war erst 23 Jahre alt und dazu ausersehen, den Betrieb im elsässischen Molsheim eines Tages zu übernehmen. Er war ein talentierter, auch künstlerisch begabter Ingenieur und entwarf einen luxuriösen Achtzylinderwagen, der die Typennummer 57 bekam und in unterschiedlichen Spezifikationen angeboten wurde. 1933 kamen die ersten Exemplare auf den Markt. Der Automobilhersteller Bugatti existierte seit 1909, und da das Elsass damals zum deutschen Kaiserreich gehörte, betrachtete man Bugatti als deutsches Fabrikat, was sich Ende 1918 natürlich änderte. Es waren überwiegend Renn- und Sportwagen, die unter der jetzt französischen Marke angeboten wurden, mit wenigen Ausnahmen – zu denen der gigantische Achtzylinder La Royale gehörte, gedacht als Repräsentationswagen für die Reichsten der Reichen.

Das Triebwerk des von Jean Bugatti entworfenen 57 war ein Reihenmotor mit 3257 ccm Hubraum und zwei obenliegenden Nockenwellen. Der Block aus Leichtmetallguss bestand aus einem Stück mit integriertem Kopf, ein gusstechnisches Meisterwerk. Die für Bugatti schon in den Zwanzigerjahren typische Viertelelliptik-Federung gab es beim Prototyp nur hinten, vorne hatte der Wagen eine Einzelradaufhängung. Weil Firmenchef Ettore Bugatti aber ein überzeugter Verfechter der Starrachse war, mussten die Prototypen auf sein Geheiß umgerüstet werden.

Der 57 wurde als Tourer, Limousine oder Coupé karossiert, womit man renommierte Spezialisten in Frankreich und England beauftragte. Die Modelle wurden nach Alpenpässen benannt: Galibier, Stelvio und Ventoux. Besonderheiten bildeten indessen der Atalante sowie das Atlantic-Coupé mit seinen genieteten »Bügelfalten« über den Kotflügeln und der Kabine. Einen Typ 57C konnte man mit Roots-Kompressor bekommen (C wie compresseur), einen 57S in Sportausführung (S wie surbaissé = tiefergelegt), und in Kombination beider Optionen gab es den niedrigen und hervorragend zu fahrenden 57SC, 175 PS stark und an die 210 km/h schnell. Beim Niedertreten des Gaspedals drückte es die Insassen spürbar in die Rückenlehnen …

Jean Bugatti kam im August 1939 bei einer Versuchsfahrt ums Leben, als er ein Fahrzeug teste, das für ein Rennen vorgesehen war. Es fand niemals statt, weil an dem Tage, für den man es ausgeschrieben hatte, der Zweite Weltkrieg ausbrach.

80–81 *Dieser Bugatti weist eine Spezialkarosserie typisch britischen Zuschnitts auf, wie sie in Ettore Bugattis Katalog nicht zu finden war. Im übrigen war der 57 SC der erste Bugatti mit hydraulischen Bremsen; alle anderen Modelle vor ihm wiesen mechanisch betätigte Bremsen auf.*

82–83 *Mit einem Radstand von 2980 mm und einem Gewicht von nicht mehr als 1495 kg stellte der 57SC ein wendiges Sportfahrzeug dar, das mit seinem Kompressormotor schon fast die Eigenschaften eines Rennwagens aufwies.*

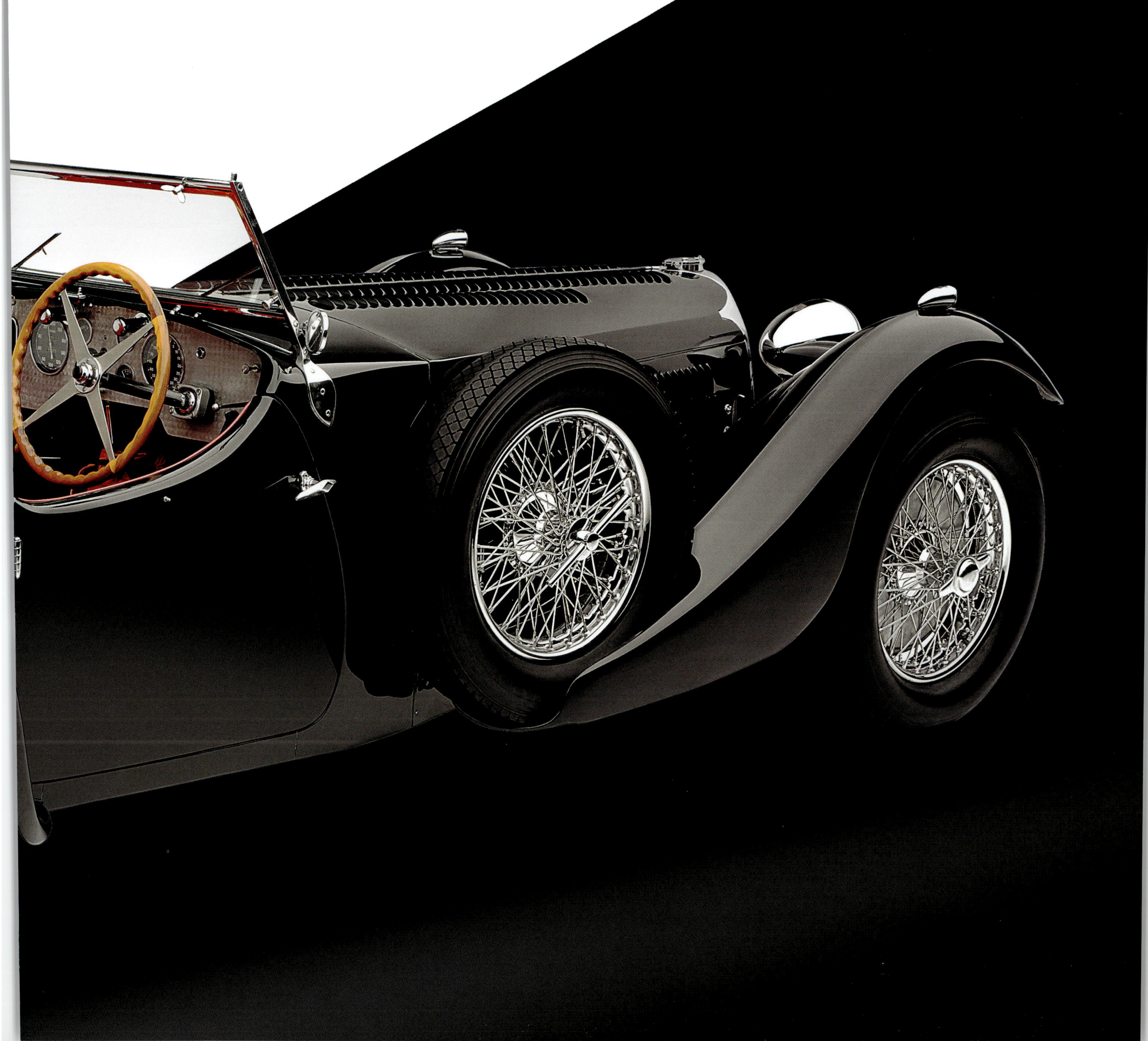

Delahaye 135M

DELAHAYE
DELAHAYE

»Sie steuern Ihren Wagen mit 100 km/h und gewahren in einer Querstraße ein stehendes Auto kurz vor dem Abfahren. Bevor Sie weitere 400 Meter zurückgelegt haben, überholt Sie jenes Fahrzeug mit Blitzgeschwindigkeit. Es ist ein Delahaye!«
So steht es in einer Werbebroschüre der 1894 im französischen Tours gegründeten und 1897 nach Paris verlegten Firma Delahaye, herausgegeben in den Dreißigerjahren für das Modell 135. Es sollte der Marke nach einer langen Phase der Bescheidenheit ein neues, rassiges Image verleihen. Nach dem frühen Tod des Gründers Emile Delahaye im Jahre 1905 hatte sein Technischer Direktor Charles Weiffenbach die Firma weitergeführt. Bis 1954 stellte der Elsässer die treibende Kraft des Unternehmens dar. Und von ihm stammte auch die Konstruktion des 1933 auf dem Pariser Automobilsalon erstmals gezeigten Delahaye 138 Superluxe – ein elegantes, technisch vollendetes Fahrzeug, das nur einen Fehler aufwies: Sein Sechszylindermotor war dasselbe Aggregat, das in Delahayes Lastwagen und Feuerwehrfahrzeugen zu finden war. Erst ein Jahr später debütierte mit dem 138S ein Wagen, der eine stärkere und vor allem elastischere Maschine bekam; sie war das Werk des Ingenieurs Jean François und leistete mehr als 100 PS, gut für Höchst- und Reisegeschwindigkeiten um 120 km/h. Aus diesem Modell entstand der 1936 vorgestellte Typ 135M »Coupe des Alpes«, etwas kleiner dimensioniert und sportiver, er wies wie seine Vorgänger vordere Einzelradaufhängung auf. Der Motor hatte 3227 ccm Hubraum und 110 PS. Auch gab es eine Rennausführung mit 3557 ccm Hubraum und gut 160 PS, ein im Motorsport sehr erfolgreiches Auto, das 1937 und 1939 die Rallye Monte-Carlo

Wunsch 84–85 Auf dem Chassis des Delahaye 135 wurden je nach Wunsch des Kunden individuell angefertigte Karosserien gesetzt, wie es bei noblen Fabrikaten damals üblich war. Eine der bemerkenswerten Kreationen war diese von Figoni & Falaschi, Paris.

86–87 Obwohl es in mehreren Stufen zu Leistungssteigerungen kam, gingen diese Maßnahmen nicht zulasten der Zuverlässigkeit des Sechszylinders. In Rennfahrzeugen bewies der Motor seine Qualitäten ebenso wie in dem Lastwagen, der ihn transportierte!

gewann, auch 1938 die 24 Stunden von Le Mans sowie zahlreiche weitere Wettbewerbe. Auf die Marke Delahaye konzentrierten sie die Hoffnungen der Franzosen, im internationalen Grand-Prix-Geschehen mithalten zu können, nachdem Bugatti nur mehr in den kleinen Klassen vertreten war. Das Besondere am Delahaye war, dass der Wagen auf Wunsch mit einem Vierganggetriebe versehen war, das sich elektromagnetisch schalten ließ und sogar erlaubte, dass man die vier Gänge auch rückwärts benutzte. Der britische Amateur-Rennfahrer – 1939 wurde er auf Delahaye Achter in Le Mans – versuchte herauszufinden, wie schnell man das Auto im vierten Rückwärtsgang bewegen konnte und überschlug sich bei diesem waghalsigen Test bei 100 km/h.

1938 erschien eine weitere Version des 135, die in Motorisierungen bis 135 PS angeboten wurde. Einige dieser Autos – oftmals schneller als ihre Rivalen von Alfa Romeo – wurden auch nach dem Kriege noch gebaut, doch die große Zeit der französischen Grand Routiers war vorüber. 1952 verließ der letzte von insgesamt 1155 hergestellten 135 das Delahaye-Werk.

88–89 Viele Konkurrenten zum 135 waren Viersitzer, doch dieses Auto war als reiner Zweisitzer konzipiert. Wer einen solchen Wagen besaß, verfügte ja ohnehin über mehrere und auch geräumigere Autos.

Alfa Romeo 6C

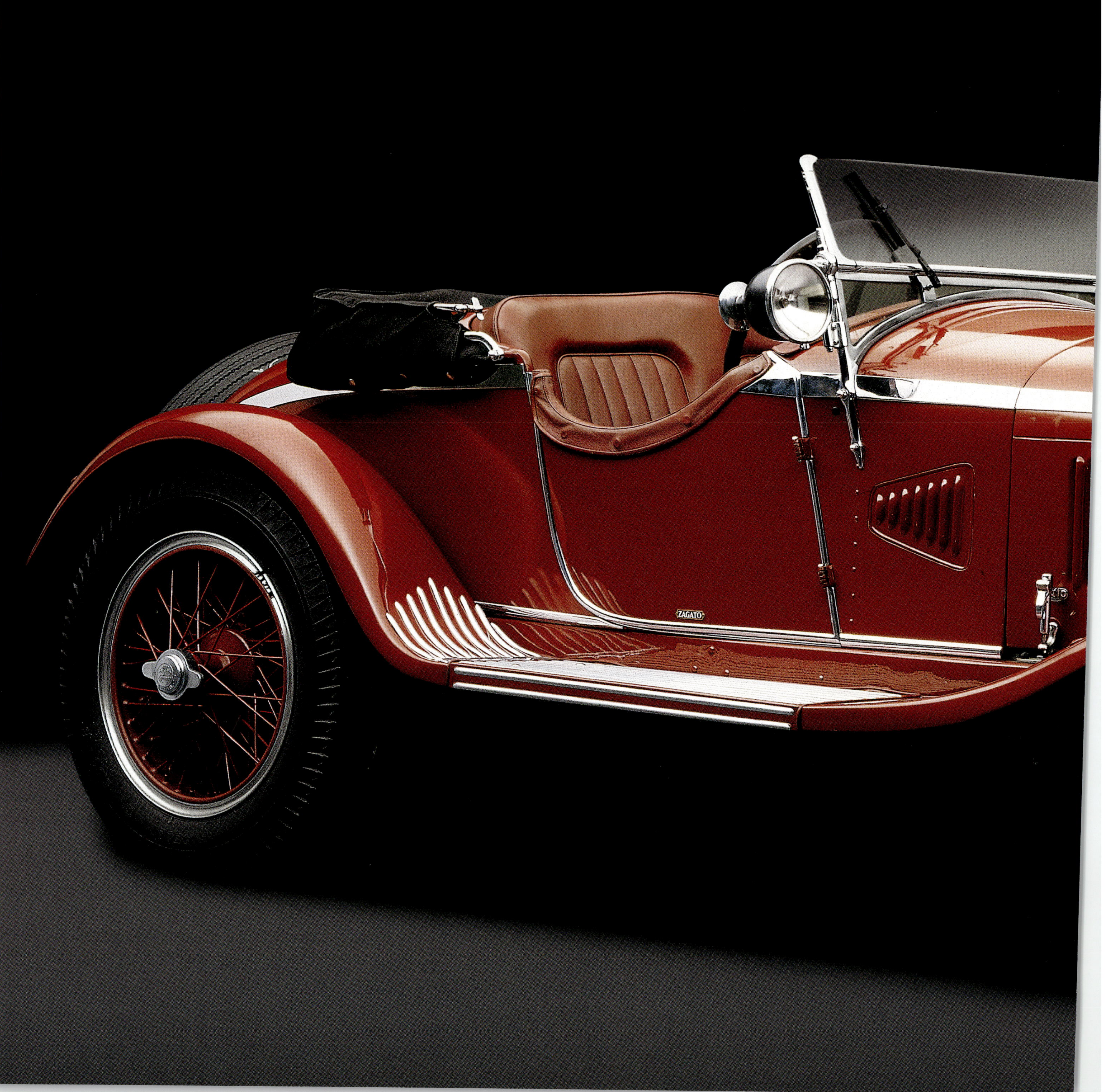

Alfa Romeo

1910 entstand in Mailand bei der Anonima Lombardo Fabbrica Automobile, abgekürzt ALFA, das erste Automobil dieser Marke, und als im Jahre 1914 der Ingenieur und Rennsport-Enthusiast Nicola Romeo in das Unternehmen als Technischer Direktor einstig, war die Bezeichnung Alfa Romeo geboren. Doch nicht vor 1918 wurde der Firmenname offiziell geändert. Signore Romeo gehörte jetzt die Majorität des Unternehmens. Mit geringen Ausnahmen entstanden in Mailand rassige Sport- und Tourenwagen, wie die berühmt gewordenen Vierzylinder-Typen RL, RLS oder RLSS der Zwanzigerjahre, und durch Rennerfolge wurde Alfa Romeo rasch berühmt. Einen Meilenstein stellte der von Vittorio Jano konstruierte ohc-Sechszylinder 6C1500 dar, ein Motor, der im Verbund mit leichten Sportkarosserien im Vergleich zur RL-Baureihe neue Maßstäbe setzte. Jano, der als einer der bedeutendsten Ingenieure in Italiens Automobilgeschichte einging, hatte zunächst als Motorradmechaniker bei Ceirano gearbeitet und danach im Jahre 1911 bei Fiat seine Karriere als Motorenkonstrukteur begonnen. Sein Wechsel 1923 zu Alfa Romeo war durch die Vermittlung des Rennfahrers Enzo Ferrari zustande gekommen, der in Modena eine Alfa-Romeo-Repräsentanz leitete. 1925 ernannte man Jano zum Chefkonstrukteur, eine Position, die er bis 1938 bekleidete.

Den Alfa Romeo 6C1500 gab es auch als Berlina (Limousine) und Torpedo (Tourenwagen). Ein erster großer Erfolg im Motorsport war Costantino Magis-

90–91 Den Alfa-Romeo-Sechszylinder gab es mit verschiedenen Motorisierungen. Der klassische Rennsportwagen war der Sechszylinder mit 1750 ccm Hubraum in der Mille-Miglia-Roadsterausführung von 1930 mit Zagato-Karosserie.

92–93 Auf der Basis des Alfa-Romeo-Sechszylinders entstanden auch Achtzylinder wie dieser 8C2900 von 1937; die elegante Sportwagen-Karosserie entwarf und baute die Carrozzeria Touring Milano.

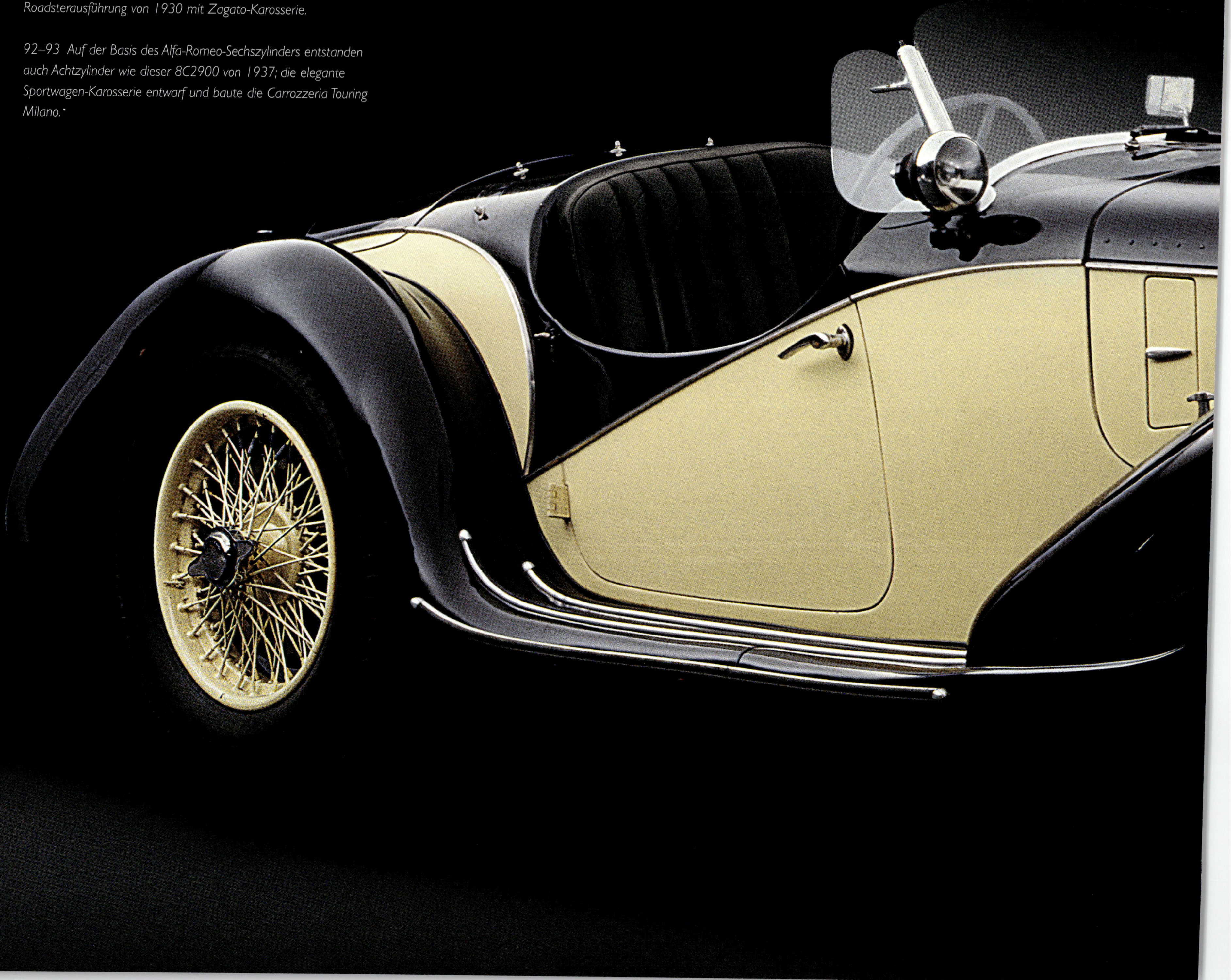

tris Sieg am 9. Mai 1928 beim Giro di Sicilia. Im selben Jahr gaben auch die Modelle Super Sport und Mille Miglia ihr Debüt; letzterer war ein Roadster, der nach dem Sieg des Teams Giuseppe Campari / Giulio Ramponi im 1000-Meilen-Rennen seinen Namen bekam und das Alfa Romeo noch zehn weitere Male gewann. Dem erfolgreichen 1,5-Liter-Modell mit 44 PS folgte 1929 eine auf 1750 ccm vergrößerte Version. Sie war auch mit einem Roots-Kompressor erhältlich, der oberhalb vom Motor montiert war und die Leistung von 64 auf 95 PS erhöhte. Der Motor hatte zwei obenliegende Nockenwellen, Magnetzündung, ein Grauguss-Kurbelgehäuse und eine Ölwanne aus Leichtmetall. Als 130 km/h schneller, knapp 1000 kg wiegender Zweisitzer – in Italien als Spider bezeichnet – mit einer von Ugo Zagato gebauten Karosserie sah der Alfa Romeo 6C1750 nicht nur bildhübsch aus, sondern brillierte auch mit hervorragenden Fahrleistungen, die in vielen Rennen für vordere Platzierungen sorgten. 1930 wurde die Reihe durch den Gran Sport mit Kompressor ergänzt; diese Version erhielt einen neuen, stabileren Rahmen, einen größeren Kühler sowie ein Getriebe mit synchronisiertem dritten und vierten Gang. Als Besonderheit wies dieses Auto einen Freilauf auf, der beim Zurücknehmen des Gaspedals aktiviert wurde und den Kraftschluss zum Getriebe unterbrach; dadurch ging die Motordrehzahl zurück und somit der Benzinverbrauch. Eine Erfindung, die das Prinzip der Motorabschaltung im Stadtverkehr vorwegnahm.

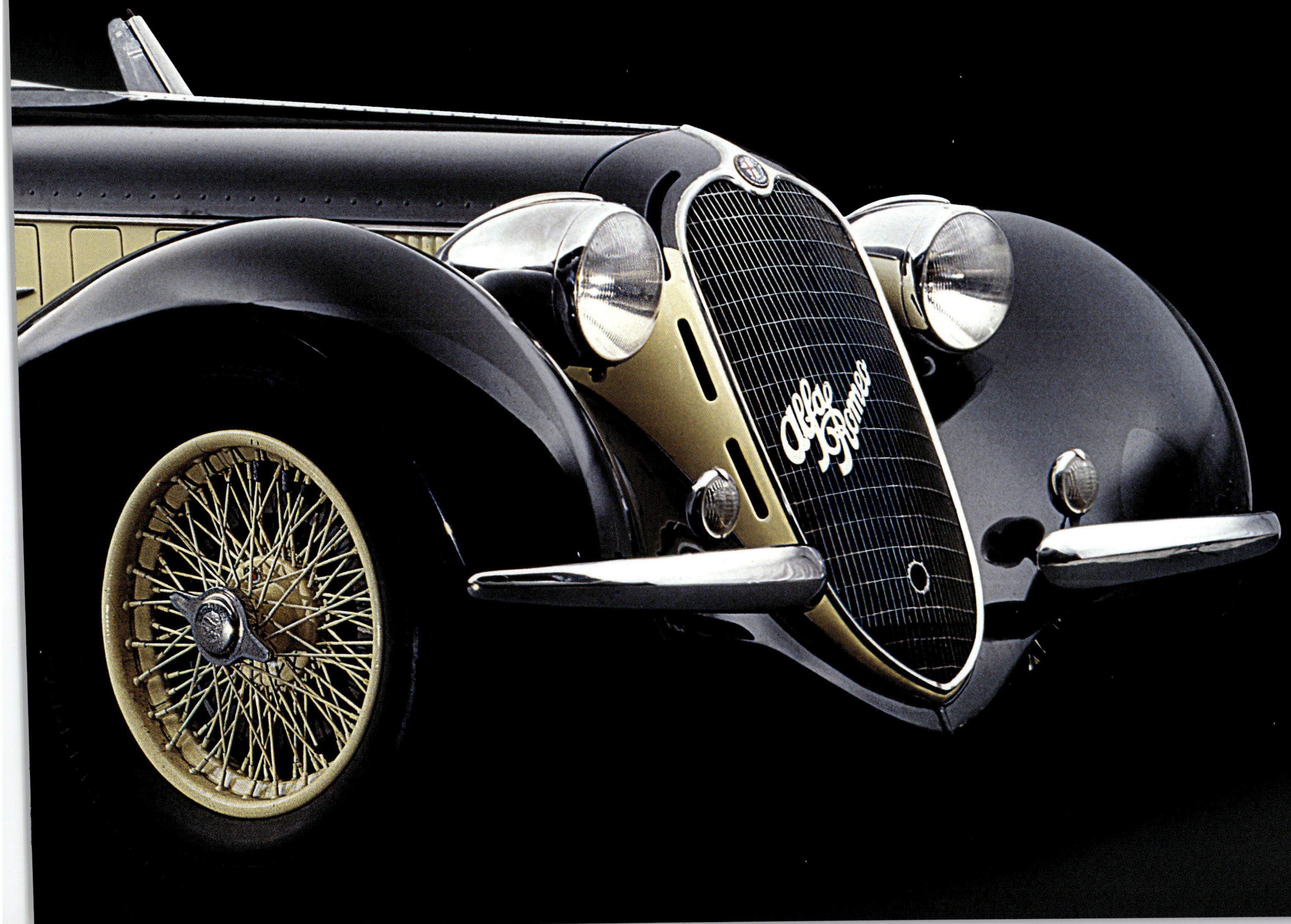

94 Heckpartie des Alfa Romeo 8C2900. Markant das damals dekorativ zu Schau getragene Reserverad, darüber befindet sich der Tank-Einfüllstutzen. Der Kofferraum war eher bescheiden; wer einen solchen Wagen fuhr, reiste mit kleinem Gepäck.

95 Viele Alfa-Romeo-Liebhaber bezeichnen den 8C2900 als den schönsten je gebauten Alfa überhaupt. Die formschöne Karosserie trug den Namen »Stella Volante« – Fliegender Stern.

Alfa Romeo

Die Vierziger- und Fünfzigerjahre:
Die Zeit des »Wirtschaftswunders«

SCHON IM SOMMER 1945 SAH SICH DIE AMERIKANISCHE AUTOINDUSTRIE IM STANDE, WIEDER PERSONENWAGEN ZU PRODUZIEREN, WÄHREND DIE EUROPÄER ERHEBLICH LÄNGER BRAUCHTEN, UM IHRE DURCH KRIEGSEINWIRKUNGEN ZERSTÖRTEN FABRIKEN MIT NEUEM LEBEN ZU ERFÜLLEN. UND ES GAB NOCH ZWEI WEITERE FAKTOREN, DIE EINEN ANSCHLUSS AN DAS INTERNATIONALE MARKTGESCHEHEN ZUNÄCHST VERZÖGERTEN: DER MANGEL AN ARBEITSKRÄFTEN (VIELE MÄNNER WAREN AN DEN FRONTEN GEFALLEN, ALS INVALIDEN HEIMGEKEHRT ODER BEFANDEN SICH NOCH LANGE IN DER INTERNIERUNG) SOWIE DIE KNAPPHEIT AN ROHSTOFFEN. IMPROVISATIONEN UND DIE NOTWENDIGKEIT, NACH NEUEN WEGEN ZU SUCHEN, HALFEN JEDOCH, DIE WIRTSCHAFT WIEDER ANZUKURBELN. NOCH VOLLZOGEN SICH DIE ENTWICKLUNGEN INNERHALB ALLER LANDESGRENZEN, EIN TRANSFER DER IDEEN FAND KAUM STATT. SO UNTERSCHIEDEN SICH DIE IN ITALIEN GEBAUTEN AUTOS ERHEBLICH VON DENEN, WIE MAN SIE ETWA IN DEUTSCHLAND ODER FRANKREICH PRODUZIERTE – IM STYLING WIE IN DER TECHNIK. DER IN TURIN GEBAUTE SPIDER WAR EBEN EIN TYPISCHER ITALIENER, DAS BRITISCHE DROPHEAD VERLEUGNETE SEINE HERKUNFT AUS COVENTRY EBENSO WENIG. ERST ALLMÄHLICH GELANGTEN EXOTEN AUCH ZU DEN NACHBARN, DIE SCHON IMMER DAS SCHÖNER GEFUNDEN HATTEN, WAS NICHT AUS HEIMISCHER PRODUKTION STAMMTE. AUFNAHMEFÄHIGSTER MARKT WAREN DIE VEREINIGTEN STAATEN, WO ES GERADE FÜR OFFENE AUTOS AUS DER ALTEN WELT BEGEISTERTE KUNDEN GAB. DER WETTBEWERB NAHM SCHÄRFERE KONTUREN AN, UND EINE ZUNEHMEND WICHTIGE ROLLE SPIELTEN DARIN DIE DEUTSCHEN. 1956 GAB ES BEREITS ZWEI MILLIONEN ZUGELASSENER PERSONENWAGEN IN DER BUNDESREPUBLIK, DAS WAREN FAST DOPPELT SO VIELE WIE ENDE 1952. MARKTFÜHRER WAR DER VW KÄFER, UND DESSEN VERSION ALS CABRIOLET GENOSS DIE GRÖSSTE BELIEBTHEIT IN DIESER FAHRZEUGKATEGORIE. ALS »BEETLE« WAR DER VW AUCH IN DEN USA, ABER EBENSO AUF ALLEN ANDEREN WICHTIGEN MÄRKTEN EIN SCHLAGER. IN FRANKREICH WURDEN 1959 ZUM ERSTEN MAL EINE MILLION PERSONENWAGEN ERZEUGT, ENGLAND BENÖTIGTE DAZU ETWAS LÄNGER. DIE DORT SEHR VIEL KLEINTEILIGERE AUTOMOBILINDUSTRIE MUSSTE ERST VERKNÜPFT WERDEN, UM WIEDER ERFOLGREICH ZU SEIN.

Delahaye 175S

DELAHAYE

Der Zweite Weltkrieg hatte in Europa so viel Schaden angerichtet, dass an eine wirtschaftliche Wiederbelebung so rasch nicht zu denken war. Auch die Automobilindustrie war zunächst nicht im Stande, sich zu erholen, weil viele Werke erhebliche Zerstörungen erlitten hatten und es kaum Rohstoffe gab. Zu den wenigen, die schon 1946 wieder zu produzieren begannen, gehörte Delahaye in Paris. Dort setzte man den Bau des Vorkriegstyps 135 fort, nur geringfügig modifiziert. Auf der technischen Basis dieses Autos entstand zwei Jahre später das Modell 175, aber schon sehr viel moderner und dem schnellen Talbot-Lago T26 nachempfunden. Präsentiert auf dem Pariser Herbstsalon 1946, der ersten Autoausstellung in Europa nach dem Kriege, wies der elegante Delahaye als erstes Fahrzeug dieser Marke Linkslenkung auf – ein Indiz für seine Bestimmung: Man wollte ihn vorrangig nach Amerika verkaufen. Der Motor war eine Weiterentwicklung des Sechszylinders vom Typ 135, er hatte 4,5 Liter Hubraum und leistete mit drei Vergasern 125 bis 140 PS, je nach Verdichtung. Einzelradaufhängung mit hinterer De-Dion-Achse, elektromagnetische Schaltung des Cotal-Getriebes sowie hydraulische Bremsen gehörten zu den Selbstverständlichkeiten. 1950 nahm das Team Trevoux/Mariotti mit einem Delahaye 175S an der Carrera Panamericana teil und kam in jenem mittelamerikanischen, für seine Härte berüchtigten Straßenrennen auf einen beachtlichen zwölften Platz. Und wie es sich für französische Wagen der Premiumkategorie damals gehörte, wurde auch der teure, komfortable Delahaye von den besten Karosseriedesig-

nern des Landes individuell eingekleidet, zum Beispiel von der Carrosserie Saoutchik. Luxusfahrzeuge in jenen schwierigen Jahren zu verkaufen, war aber auch in den USA nicht gerade leicht, in Europa sowieso – und daher blieben die meisten der etwa 50 produzierten Delahaye 175 lange in den Showrooms stehen, ehe sie einen Käufer fanden. Immerhin errangen die Fahrer Trévoux und Crovetto mit einem solchen Wagen 1951 den Gesamtsieg in der Rallye Monte-Carlo. Mit Mühe überlebte die Marke Delahaye noch bis 1954, wurde dann von Hotchkiss übernommen und stand danach noch eine Weile als Name für Militärlastwagen. Emile Delahaye, der 1894 seinen ersten Motorwagen auf die Räder gestellt hatte, erlebte diese ganze Entwicklung nicht; er war bereits 1905 verstorben. Sportliche Luxuswagen zu bauen, war auch gar nicht seine Absicht gewesen. Der klassische Delahaye war noch bis in die Dreißigerjahre hinein nichts anderes als ein Feuerwehrfahrzeug.

98–99 Die ungewöhnliche Frontpartie des Delahaye 175, ganz anders als bei den anderen Modellen dieser Marke, mag ebenso wie der exorbitante Preis dazu beigetragen haben, dass dieses Auto nur wenige Interessenten fand. Faszination strahlt der Wagen dennoch aus.

100–101 Die Reifen sind relativ schmal und von riesigen Kotflügeln umhüllt, deren Einsätze man herausnehmen muss, wenn ein Radwechsel ansteht. Der Wagenheber hat dann athletische Arbeit zu leisten, denn das Fahrzeug wiegt 2690 kg.

Volkswagen Käfer
Cabriolet

Schon einer der Volkswagen-Prototypen von 1938 war als Cabriolet karossiert. Als nach dem Zweiten Weltkrieg in Wolfsburg die Serienherstellung des »Käfers« – der diesen Beinamen freilich erst sehr viel später bekam – begann, war eine offene Ausführung aber kein Thema. Erst 1949 gingen VW-Cabriolets in Produktion, und das gleich an zwei Standorten: bei der Firma Hebmüller in Wuppertal sowie bei Karmann in Osnabrück. Beide Unternehmen genossen seit jeher einen ausgezeichneten Namen. Während bei Hebmüller ein Zweisitzer mit einer knapp bemessenen Kindersitzbank hergestellt wurde, produzierte Karmann einen vollwertigen Vierplätzer. Der Hebmüller-VW, meist zweifarbig schwarz-rot oder schwarz-gelb lackiert, kostete stolze 7500 Mark, fast doppelt so viel wie die Standard-Limousine. Zum Bau einer geplanten Hardtop-Version kam es nicht mehr, nachdem am 23. Juli 1949 ein Feuer im Werk die Fertigungsanlagen weitgehend zerstört hatte; so waren es nur 696 Cabrios, die in Wuppertal produziert wurden. Das viersitzige Karmann-Cabrio, auch Typ 15 genannt, war sehr viel langlebiger: Es machte sämtliche Evolutionsstufen des Käfers mit und blieb bis 1980 im VW-Programm. Vorsichtigerweise hatte das Volkswagenwerk anfangs nur 1000 Stück in Auftrag gegeben, 2000 hatte Hebmüller bauen sollen. Permanent erfuhr der Volkswagen Verbesserungen, ohne in seinen Grundzügen verändert zu werden. Man unterschied in den ersten Jahren zwischen dem Standard- und dem Exportmodell, auf dem auch das Karmann-Cabrio basierte. 1953 ersetzte ein ovales Rückfenster das bisherige »Brezelfenster«, 1957 wurde die Heckscheibe abermals vergrößert. Das Gaspedal hatte bisher eine Rolle aufgewiesen, jetzt bekam es eine Trittplatte. 1954 erhöhte man die Motorleistung auf 30 PS (Hubraum: 1192 ccm), 1960 auf 34 PS. Als Nachfolger des Exportmodells erschien 1965 der VW 1300 mit 1285 ccm Hubraum, und 1966 kam ein 1,5-Liter-Modell hinzu. In der letzten Version basierte das attraktive Klappverdeck-Auto auf der Limousine 1303 LS mit 1584-ccm-Motor, und mit 50 PS entsprach die Leistung genau dem doppelten Wert des Ur-Käfer-Motors von 1949.

Insgesamt wurden in 31 Jahren von allen Käfer-Cabrio-Ausführungen 330.281 Stück verkauft. Damit ist dieses Auto nicht gerade eine Rarität, zumal viele Exemplare in Liebhaberhand überlebt haben. Doch die Beliebtheit des Autos sorgt für einen steigenden Marktwert.

102–103 Die letzte Käfer-Limousine verließ Emden am 19. Januar 1978; das Cabriolet 1303 LS – hier in der US-Ausführung und mit speziellen Felgen versehen – wurde bei Karmann in Osnabrück noch bis Januar 1980 gebaut. Die für den deutschen Markt bestimmten Käfer kamen bis 1985 aus Mexiko

104–105 Am 10. Januar 1980 entstand das letzte, weiß lackierte Cabriolet bei der Firma Karmann – und wanderte sofort ins Museum. Auf einen Nachfolger in Gestalt des New Beetle Cabriolets musste man bis 2003 warten.

Jaguar XK120

Zu den Legenden unter dem Zeichen der Raubkatze gehört der Jaguar XK 120, das Tagesgespräch der Londoner Motor Show 1948. Mit diesem Sportwagen als Nachfolger des Vorkriegsmodells SS 100 verbanden sich in England Hoffnungen auf einen Wiedereinstieg der vom Krieg arg mitgenommenen Nation in den Motorsport. Der traumhaft schön gezeichnete Zweisitzer unter der neuen Markenbezeichnung war indes keineswegs eine Neuauflage des SS 100. Schon das Herzstück war vollkommen neu: ein Sechszylinder von 3,4 Litern Hubraum mit zwei obenliegenden Nockenwellen und zwei SU-Vergasern. Die 120 in der Typenbezeichnung deutete auf 120 Meilen Spitze hin: 192 km/h. In der 180 PS starken SE-Version (Special Equipment) mit Doppelauspuff und steileren Nockenwellen war der Wagen sogar noch schneller. Um zu beweisen, wozu der XK 120 fähig war, unternahm Jaguar Testfahrten auf einem gesperrten Autobahnteilstück in Belgien. Der Wagen kam auf 213,32 km/h, was bewies: Jaguar bot den schnellsten Serienwagen der Welt.

Das Erstaunliche war, dass man mit dem vom Chefingenieur William Heynes und seinem Team konstruierten XK 120 auch gemütlich auf der Landstraße bummeln konnte, was der elastische dohc-Motor bestens vertrug. Die ersten Exemplare hatten eine Karosserie aus Aluminium, das aus überzähligen Be-

ständen der Flugzeugindustrie leichter zu beschaffen war als Stahlblech. Mit dem Holzrahmen als Unterzug war der Alu-XK-120 indessen schwerer als das gleiche Fahrzeug mit Stahlblechaufbau. Der offene Zweisitzer wies außen übrigens keine Türgriffe auf.

Firmenchef William Lyons hatte mit höchstens 200 Bestellungen gerechnet; 12.000 wurden es. Das Werk vermochte mit der Nachfrage nur langsam Schritt zu halten; Ende 1950 hatten erst 240 Exemplare die damals noch bescheidene Werkshalle in Coventry verlassen.

Sein erstes Rennen bestritt der XK 120 mit Leslie Johnson im August 1949 in Silverstone. Seinem Sieg folgten unzählige weitere – in der Mille Miglia, bei der Tourist Trophy, in Le Mans, in Montlhéry. Die Internationale Alpenfahrt, Lüttich-Rom-Lüttich und viele andere Rallyes sahen einen XK 120 ebenfalls als Sieger. Zu den berühmten Fahrern zählten Peter Whitehead, Ian Appleyard, Stirling Moss. Den XK 120 gab es ab 1951 auch als Coupé (abgekürzt FHC); es hatte Kurbelscheiben in den Türen und ein großes Heckfenster. Zwei Jahre später kam ein Cabriolet dazu, als Drophead Coupé bezeichnet und mit luxuriösem Interieur ausgestattet. Leider ließ sich das aufgeklappte Verdeck nicht versenken, es lag hinter den Fahrersitzen auf der Karosserie auf. Der XK 120 wurde bis 1955 gebaut und dann vom XK 140 abgelöst.

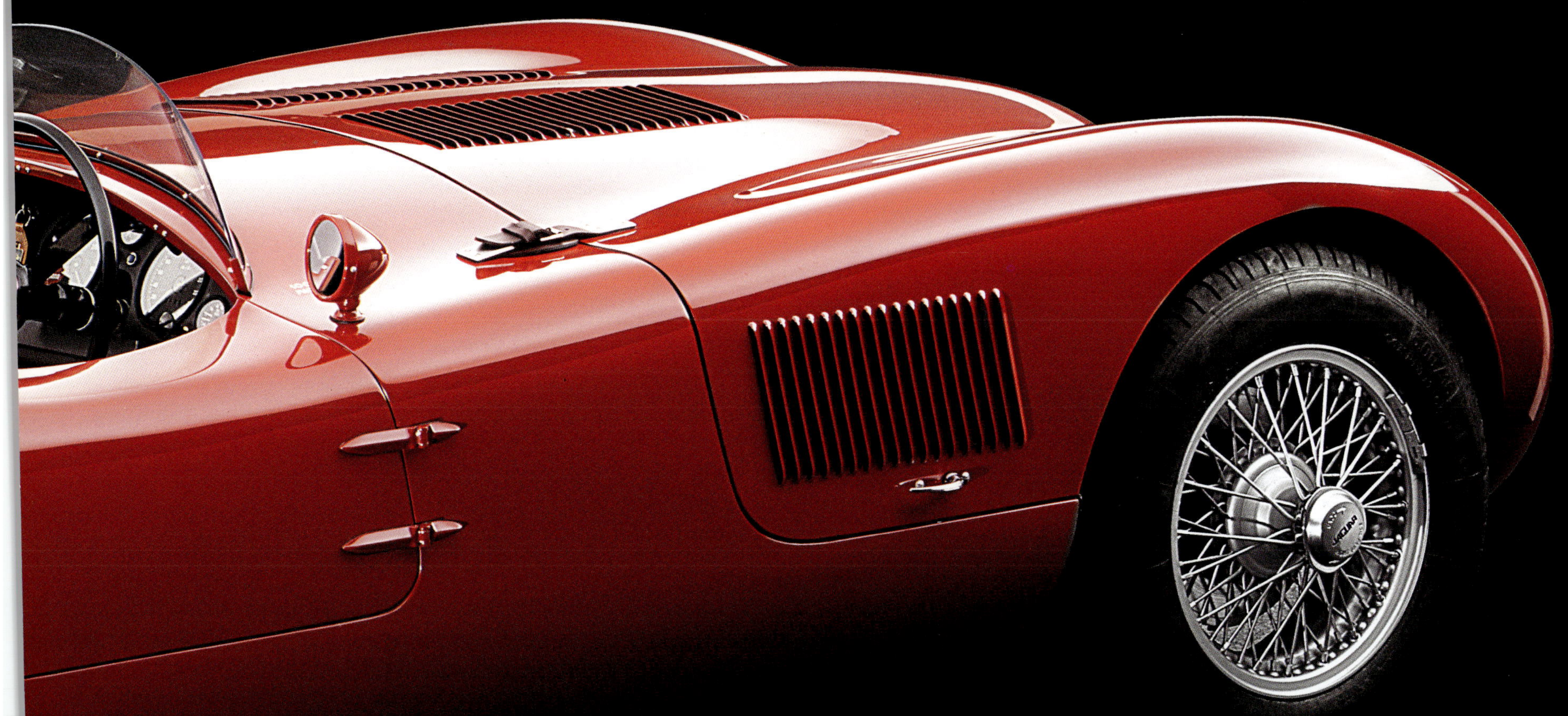

106–107 Den Jaguar XK 120 gab es anfangs nur als offenen Zweisitzer mit leichtem Roadsterverdeck. Erst Ende 1952 stellte man auch ein Cabriolet mit winterfestem Verdeck und Kurbelscheiben vor, gebaut ab Anfang 1953

108–109 Der XK 120C oder auch C-Type war eine eigens für den Rennsport geschaffene Stromlinien-Version. Auffallend ist der große Tank-Einfüllstutzen auf dem Heck, der für raschen Boxenservice wichtig war.

110–111 Die von William Lyons gezeichnete Karosserie des XK 120, anfangs in Aluminium ausgeführt, stellte nicht nur ein formal-ästhetisches, sondern auch ein aerodynamisches Meisterwerk dar.

111 oben Der Motor des C-Type war wie jener des Straßenmodells ein Reihensechszylinder mit 3,4 Litern Hubraum und leistete etwa 210 PS. In nur acht Sekunden konnte man auf 100 km/h beschleunigen, das Spitzentempo betrug 225 km/h.

Cadillac Eldorado

112–113 Die Fahrzeuge der ersten drei Baureihen des Cadillac Eldorado trugen die Handschrift des Designers Harley Earl; er gilt als einer berühmtesten Männer seines Fachs. Von ihm stammt auch das Styling vieler anderer GM-Fahrzeuge, einschließlich der Corvette.

114 oben und 114–115 Das hier gezeigte Exemplar ist ein extrem modifiziertes und tiefergelegtes Eldorado-Cabrio, das Werk eines jener amerikanischen Spezialisten wie Sam Barris, die in den Staaten seit den Fünfzigerjahren auf eine treue (und wohlbetuchte) Klientel zählen können.

Den von 1953 bis 2002 gebauten Cadillac Eldorado führte General Motors zwanzig Jahre lang auch als Cabriolet im Programm. Der große Caddy galt stets als ein Prestige- und Repräsentations-Automobil, bevorzugt von Präsidenten und anderen hohen Amtsträgern, ebenso von Popstars wie Elvis Presley. Man konnte das Cabriolet in Aztekenrot, Alpenweiß, Azurblau und Beige bekommen, mit schwarzem oder weißem Verdeck. Der 5424-ccm-V8-Motor mit 210 PS hatte gut zu tun, das 2,1 Tonnen schwere, 5670 mm lange und chromüberladene Prunkfahrzeug zu bewegen.

Die betonte hintere Kotflügelpartie mit hochgezogenen »Bürzeln«, aus denen sich im Laufe der Jahre mächtige Heckflossen entwickelten, gab es bei Cadillac vom Modelljahrgang 1948 an. Cabriolets bot man natürlich auch schon vor dem Erscheinen des Eldorado an, doch die offenen Cadillacs wie der Brougham Towncar, gebaut von 1957 bis 1960, übertrafen einander von Jahr zu Jahr durch immer mehr Luxus, Bedienungskomfort und Gewicht. So brachte der Eldorado Brougham 1957 schon 2,5 Tonnen auf die Waage, mit vier Insassen und Reisegepäck wurden es 3,0 Tonnen. Ab 1956 gab es eine Hardtop-Option, genannt Seville. Doch auch die Motoren wurden mächtiger, sie wiesen jetzt 5,9 und 1960 sogar 6,4 Liter Hubraum auf. Der Brougham Towncar war ein Viertürer mit hydro-pneumatischer Federung und kostete 13.000 Dollar, womit er sogar teurer war als der Rolls-Royce Silver Cloud.

1967 wandelte sich der Eldorado radikal. Detroits Techniker hatten ihn zu einem Frontantriebswagen gemacht, aufbauend auf dem Oldsmobile Toronado mit 7,0-Liter-Motor. Das von Bill Mitchell gestylte Auto war kürzer und niedriger geworden, bot dennoch enorm viel Platz im Interieur und wies als ers-

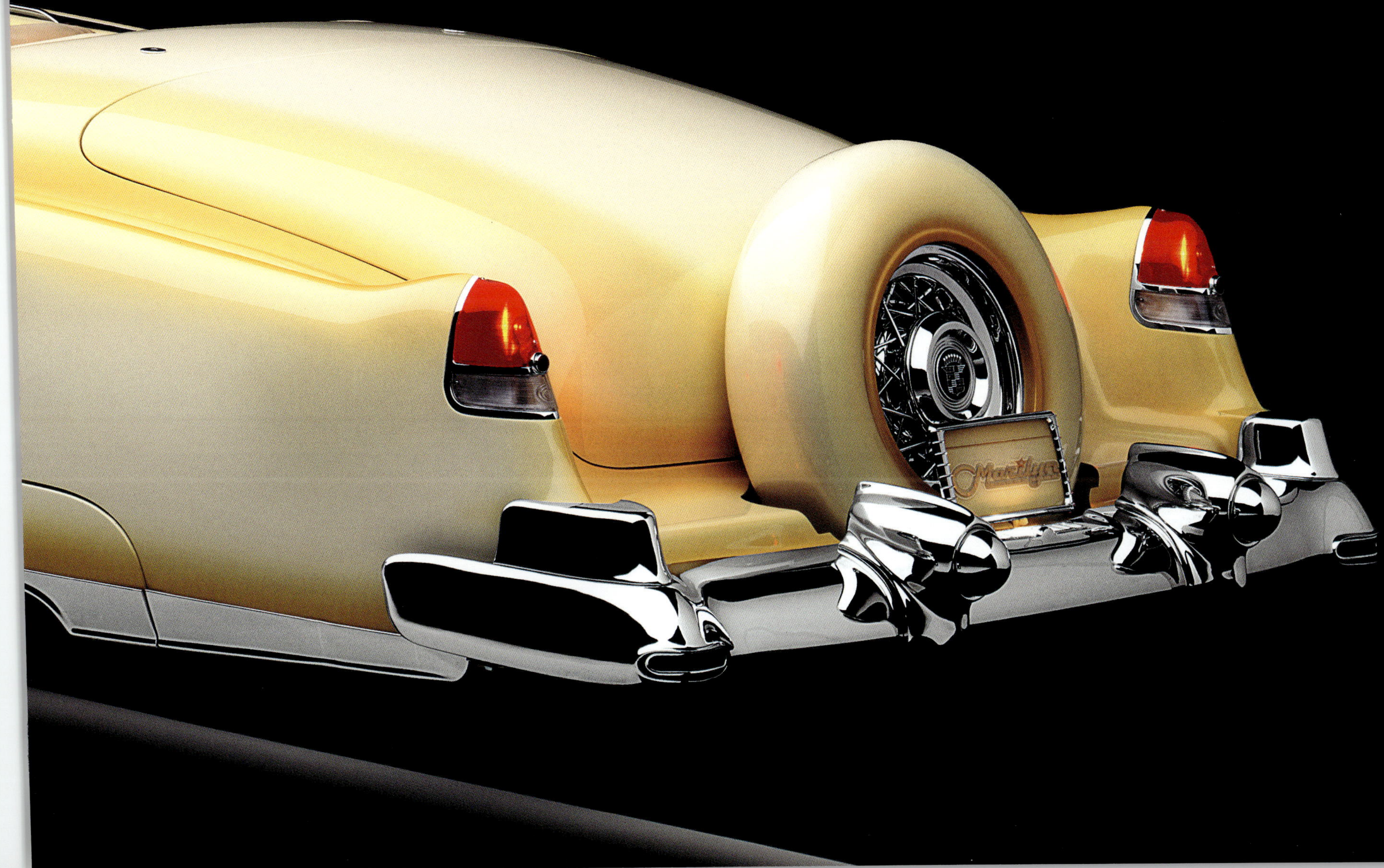

ter Cadillac Scheibenbremsen auf. Später gab es noch einige weitere Schrumpfprozesse, in deren Verlauf auch Sechszylindermotoren Einzug hielten, doch vorher schwelgte man bei GM noch einmal ordentlich im Haubraumrausch: Ab Modelljahr 1975 wurden sämtliche großen Cadillac-Modelle mit einem ursprünglich aus dem Eldorado stammenden 8,2-Liter-V8 versehen; ab März 1975 war diese Maschine gegen Mehrpreis auch mit elektronischer Einspritzung und 218 statt 193 PS erhältlich. Nur im Modelljahr 1981 verwendete man bei Cadillac den wegen seiner Anfälligkeit berüchtigten V8 6-4 mit Zylinderabschaltung und einem Hubraum von 6,0 Litern; daneben gab es einen 4,1-Liter-V6 von Buick sowie – welch Sakrileg – einen Dieselmotor. Dazu kontrastierend bot Cadillac 1982 das sportlich angehauchte Eldorado Touring Coupé mit strafferem Fahrwerk an. Ein Cabrio gab es erst wieder ab 1984, aber nur für zwei Jahre und in einer exklusiven Auflage von 5600 Stück.

116–117 Zu seiner Amtseinführung am 20. Januar 1953 in Washington D.C. wurde Amerikas neuer Präsident Dwight David »Ike« Eisenhower in einem Cadillac Eldorado zum Weißen Haus gefahren.

117 oben Die zweite, von 1954 bis 1956 produzierte Generation des Cadillac Eldorado gab sich nicht mehr so bombastisch wie die erste. Aber mit 2150 Stück ließ sich der Luxuswagen gut absetzen; von der ersten Serie waren nur 532 verkauft worden. Mit 5875 statt 7750 Dollar war er auch preisgünstiger als jener.

Lancia Aurelia B24 Spider

118–119 und 120–121 Ein Bruder des Firmengründers Vincenzo Lancia hatte vorgeschlagen, den Autos eine Letter aus dem griechischen Alphabet zu geben; später bezeichnete man einige Modellreihen nach Heerstraßen aus der Römerzeit wie Via Appia, Aurelia, Flaminia.

Spricht man vom Lancia Aurelia Spider, kommt einem jener mit Vittorio Gassman 1962 unter dem Verleihtitel »Verliebt in scharfe Kurven« gedrehte Film »Il sorpasso« in den Sinn. Der italienische Komödiant Gassman spielt darin nicht nur einen feurigen Herzensbrecher, sondern chauffiert seinen offenen Lancia B24 mit akrobatischer Perfektion. Franco Martinengo, der 20 Jahre als Technischer Direktor bei Pininfarina tätig war, soll über den so attraktiv eingekleideten Sportwagen gesagt haben: »Wer einen B24 sieht, kann sich nicht mit bloßem Hinschauen begnügen. Man spürt das unwiderstehliche Verlangen, den Wagen auch berühren zu wollen.« Wie einige andere Sportwagen, entstand auch der Lancia B24 Spider auf Anregung des amerikanischen Luxuswagen-Importeurs Max Hoffman, der sich ein italienisches Gegenstück zur Corvette wünschte. Beim Spider verwendete man die technische Grundlage der B24 Limousine, er bekam aber einen kürzeren Radstand mit 2450 statt 2650 mm. Die ersten Testfahrten absolvierte der Firmenchef Gianni Lancia persönlich, bevor kurz danach das Unternehmen durch eine Verkettung unglücklicher Umstände in die Insolvenz geriet und von der Baufirma Italcementi übernommen wurde. Unter deren Chef Carlo Pesenti war 1955 in Turin das Lancia-Hochhaus gebaut worden...

Der Motor der 1955 eingeführten Baureihe B24 war ein 60-Grad-V6 mit 2451 ccm Hubraum, 116 PS bei 5200 U/min leistend. Solche V-Motoren, anfangs mit einem Gabelwinkel von nur 19 Grad, baute Lancia schon seit 1922. Da der Spider nur 1000 kg wog, ließ er sich in zehn Sekunden auf 100 km/h beschleunigen. Die Spitze des B24 Spiders betrug 180 km/h. Mit der De-Dion-Hinterachse verfügte der Wagen über eine sehr gute Straßenlage, auch Lenk- und Kurvenverhalten waren tadellos. Die zweite Serie des Spiders von 1956 wurde als »Tipo America« bezeichnet, weil sie vorrangig für den US-Markt bestimmt war. Doch nicht viele Yankees kamen in den Genuss des Autos: nur 200 Stück wurden in den USA verkauft. Der Grund hierfür war die mangelhaft geführte Vertriebsorganisation, aber auch der mit 5400 Dollar zu hoch angesetzte Preis. Eine Corvette kostete 2000 Dollar weniger. Doch Lancia-Chef Pesenti bestand auf der Hochpreispolitik. In der zweiten Serie wies der B24, jetzt als klassisches Cabrio gebaut, einen stärkeren Frontscheibenrahmen und ein schwereres Fahrgestell auf, was in 100 kg Mehrgewicht resultierte. 1957 wurde eine dritte Serie aufgelegt, deren Motor einige zusätzliche PS abgab. Insgesamt entstanden vom B24 als Spider und Cabriolet 761 Stück, weitere 78 erhielten Spezialkarosserien nach Kundenwunsch.

MGA

Der MGA entstand aus einem Rennsport-Zweisitzer, der 1954 als Prototyp namens EX 182 am 24-Stunden-Rennen in Le Mans teilgenommen hatte. Gut ein Jahr später stand auf dem Stand der British Motor Corporation auf der IAA in Frankfurt am Main ein neuer, attraktiver Roadster, der als MGA in die Automobilgeschichte eingehen sollte. Mit dem Buchstaben A signalisierte die BMC, dass sie der Marke MG eine neue Identität verleihen wollte, daher auch die Zusammenschreibung: MGA.
Bei der Entwicklung des MG-TF-Nachfolgers bezog man Bauteile anderer BMC-Autos ein, so etwa Aufhängungs- und Lenkungselemente. Doch für die Karosserie des MGA fand man keine Parallelen. Als der MGA in Serie ging, hatte er nicht den Kastenrahmen des Le-Mans-Prototyps, sondern einen leichten, mittragenden Aufbau, und für dessen Gewicht lieferte der BMC-Vierzylindermotor mit 1489 ccm und 72 PS genügend Power. Dem Roadster stellte man 1956 ein Coupé zur Seite. Es ging in ihm aber sehr eng zu, auch ließen sich die Seitenscheiben nicht öffnen – ein Manko, das erst mit dem Modelljahrgang 1960 behoben wurde. Doch die sportlichen Qualitäten machten den MGA sowohl in offener als auch in geschlossener Ausführung zu einem beliebten und auch in vielen Rallyes erfolgreichen Sportwagen. 1959 erschienen Roadster und Coupé in leistungsgesteigerter Form; der Motor hatte jetzt 1588 statt 1489 ccm Hubraum, 80 PS leistend, überdies stattete man den MGA 1600 mit Scheibenbremsen an den Vorderrädern aus.
Der MGA 1600 stellte auch die Basis für eine noch schnellere Version dar, die kurze Zeit später in Serie ging: dies war der Twin Cam. Der für seine Rennwagen-Konstruktionen nicht nur in England bekannte Harry Weslake hatte es übernommen, für den Motor einen dohc-Kopf zu entwickeln. Mit 108 PS ging der Twin Cam an die 180 km/h. Er wies Leichtmetallfelgen mit Zentralverschluss auf, hatte Scheibenbremsen ringsum sowie eine etwas modifizierte Motorhaube.
Das Standardmodell blieb bis 1961 im Programm, ehe es vom 1600 Mk.II abgelöst wurde. Die äußerlich erkennbaren Veränderungen beschränkten sich auf andere Gehäuse für die Rückleuchten und einen leicht nach innen versetzten Kühlergrill. Unter der Haube jedoch hatte der Mk.II einen auf 1622 ccm aufgebohrten Motor, 86 PS leistend. Bei der Deluxe-Version waren Scheibenbremsen auch an den hinteren Rädern lieferbar.
Der versierte Fahrer war mit dem Mk.II in jedem Fall besser bedient; der Wagen bot durchaus Vorteile im Vergleich zum Mk.I. Dass die Frontpartie etwas von ihrer ursprünglichen Attraktivität verloren hatte, war unerheblich. Im Oktober 1962 lief der letzte MGA vom Band.

122–123 Der MGA hatte sich von den ersten, in den Dreißigerjahren entstandenen T-Modellen schon weit entfernt. Vor allem war er komfortabler geworden, wenngleich man dem Auto auch nachsagte, sein Verdeck sei nicht gänzlich wasserdicht.

124–125 Viel Platz für Gepäck gab es nicht. Aber im Zubehörhandel bekam man einen praktischen, verchromten Kofferhalter fürs Heck, und er tat dem Wagen stilistisch keinen Abbruch.

MG

BMW 507

Der heute mit so viel Begeisterung gefeierte BMW 507, dessen ästhetisch vollendete Linien von dem berühmten Stilisten Albrecht Graf Goertz stammen, war geschäftlich alles andere als ein Erfolg. Dafür war die Stückzahl (252) viel zu gering, der technische Aufwand zu hoch. Der im September 1955 präsentierte und bis Dezember 1959 gebaute Zweisitzer war auf Anregung des amerikanischen Importeurs Max Hoffman zustande gekommen, auf dessen Konto ja auch der Mercedes-Benz 300SL und der Porsche Speedster gehen. Seine Klientel war die vermögende Upper Class.

Dass der 507 nicht zu einem Großserienfahrzeug mutieren würde, war aber allen Beteiligten von vornherein klar, denn auch von den Limousinen vom Typ 501/502, auf denen er in technischer Hinsicht basierte, entstanden nur geringe Stückzahlen. 1956 wurden nicht mehr als 3775 der großen Sechs- und Achtzylinder produziert; mehr Kapazität stand auch gar nicht nur Verfügung, denn Priorität hatte die Fertigung der Isetta, von der im gleichen Kalenderjahr gut neun Mal so viele gebaut wurden.

Der V8-ohv-Motor unter der gestreckten Haube des BMW 507 hatte 3168 ccm Hubraum und leistete 150 PS bei 5000 Touren. Er war identisch mit dem Motor in der 3,2 Liter Limousine, nur höher verdichtet und mit zwei Doppel-Fallstromvergasern von Zenith bestückt. Der 1330 kg wiegende Roadster ging je nach Hinterachsübersetzung bis zu 220 km/h und beschleunigte von Null auf 100 km/h in zehn Sekunden. Man vergleicht den 507 gern mit dem Mercedes 300SL, und 1958 veröffentlichte »auto, motor und sport« eine Gegenüberstellung beider Sportwagen. Dort hieß es: »Wenn der BMW vom Stand aus scharf beschleunigt wird, der 300 SL aber im selben Moment die Startlinie im IV. Gang mit 30 km/h überrollt und zügig beschleunigt, läuft er dem BMW davon – aber nur 3 Sekunden lang, die beide Wagen brauchen, um 40 km/h zu ereichen. Nun zieht der in seinen Gängen hochgedrehte BMW dem SL weit davon, so weit, dass er 10 Sekunden vor ihm die 130 km/h-Marke erreicht. Aber nun wird die Beschleunigung des SL im IV. Gang besser als die des BMW im III. Gang, der Abstand verringert sich von dem Moment an, wo auch der BMW im IV. Gang angelangt ist, bis die beiden Kurven sich bei 184 km/h nach 44 Sekunden schneiden. Das ist der Moment, wo der SL den BMW überholt.«

Der 507 war aber auch nie als Auto für Leute gedacht, die es besonders eilig hatten, sondern die ein automobiles Schmuckstück besitzen wollten. Der 1999 eingeführte BMW Z8 Retro-Roadster war als Hommage an den 507 zu verstehen. Mit fünf Litern Hubraum und 400 PS spielte er natürlich in einer ganz anderen Liga als sein 44 Jahre zuvor präsentierter Vorfahr.

126–127 Wie der viersitzige BMW 503 wurde auch der 507 Roadster im September 1955 auf der IAA dem deutschen Publikum präsentiert, doch die ersten Exemplare fanden erst im Jahr danach ihren Weg zum Kunden.

128–129 Ab 1958 gab es den 507 mit vorderen Scheibenbremsen, auch war ein Hardtop lieferbar. Ein Sportmotor mit 165 PS stand ebenfalls zur Verfügung. Der Grundpreis des Wagens betrug 26.500 D-Mark.

Chevrolet Bel Air

Der Chevrolet Bel Air erhielt seine Namen nach einem noblen Villenvorort von Los Angeles. In der Zeit von 1950 bis 1975 – und in Kanada bis 1981 – bot General Motors dieses Modell in einer Vielzahl von Ausführungen an: Hardtops, zwei- und viertürige Limousinen, ab 1954 auch als »Nomad« bezeichnete Kombiwagen. Und von Modelljahr zu Modelljahr variierte nach amerikanischem Brauchtum das Styling – mal mehr, mal weniger. Besonders beliebt aber waren die Cabriolets, die jedoch nicht in so großer Zahl aufgelegt wurden wie die geschlossenen Modelle, zumal es den offenen Bel Air lediglich von 1953 bis 1958 gab. Nur einer von zehn Kunden optierte für den »Convertible«. Der erste Bel Air von 1950 hatte einen Sechszylinder-Reihenmotor mit 3547 ccm Hubraum und 125 PS; ab 1953 gab es eine 3858-ccm-Version mit 140 PS. Wahlweise standen ein Dreigang-Handschaltgetriebe oder eine Zweistufen-Automatik zur Verfügung. Der Sechszylindermotor und die Powerglide-Automatik ergänzten sich sehr gut. Mit einer überarbeiteten Karosserie 1955 und einem Facelifting 1956 hatte der Bel Air seine formale Höchstform erreicht – jeder amerikanische High-School-Absolvent träumte davon, sich ein solches Auto einmal leisten zu können.

Der Bel Air gedieh zu Chevrolets beliebtester und damit wichtigster Baureihe. Das Cabriolet konnte man auf Wunsch mit einem elektrisch betätigten Verdeck erhalten. Dieses Fahrzeug ist heute ebenso gesucht wie der dreitürige Nomad. Statt des Sechszylindermotors standen ab 1956 auch zwei V8 zur Wahl, mit 4342 oder 4637 ccm Hubraum. 1958 kam ein Motor mit 5692 ccm hinzu, mit Kraftstoffeinspritzung 315 PS stark – in dieser gelungenen Kombination gab es den Bel Air einschließlich Convertible jedoch nur ein knappes Jahr lang, danach glitt die Baureihe in die Mainstream-Anonymität ab und verlor ihre Signifikanz. Die rundlichen, muskulösen Formen waren verschwunden, sie hatten dem Heckflossen-Styling weichen müssen.

Dem Bel Air wurden zahlreiche Filmrollen angedient; so sah man ein 1956er Modell zum Beispiel auch in »La vie en rose«, der verfilmten Biografie von Edith Piaf. Erst auf der Detroit Auto Show 2002 war wieder ein Chevrolet zu sehen, der den Namen Bel Air trug; es war ein Prototyp mit einem Fünfzylinder-Reihenmotor wie im Oldsmobile Bravada. Da der gezeigte Wagen aber offenbar niemanden interessierte, ganz im Gegensatz zu dem ersten Bel Air im Jahre 1950, fiel die Entscheidung der GM-Manager gegen eine Serienfertigung. Das war auch gut so, denn den klangvollen Namen assoziiert der Chevi-Liebhaber nun ausschließlich mit jenem Klassiker, der sich nicht nur in den USA steigender Wertschätzung erfreut.

130–131 Der Chevrolet Bel Air lief nicht nur im texanischen GM-Werk Arlington vom Band, sondern wurde auch in Kanada (Oshawa, Ontario) und Venezuela (Caracas) gebaut. Jeder amerikanische High-School-Absolvent träumte davon, sich ein solches Auto einmal leisten zu können.

132 Die auch für den Bel Air typischen Heckflossen hatte der Stylist Harley Earl 1948 erstmals einem Cadillac gegeben. Die Inspiration hierfür stammte von den Seitenleitwerken amerikanischer Kampflugzeuge wie dem Lockheed P-38 Lightning.

133 Dieser Wagen Baujahr 1957 war einer der ersten mit dem 283 PS starken 4637-ccm-V8-Motor, einer Neukonstruktion mit mechanischer Kraftstoffeinspritzung. Sie stieß beim Käufer zunächst auf wenig Gegenliebe.

Ford Thunderbird

Thunderbird

Sportwagen oder nicht? Den Thunderbird einer bestimmten Fahrzeugkategorie zuzuordnen, ist gar nicht so einfach. Als Konkurrent zur Corvette von Chevrolet bezeichnete die Ford Motor Company ihren Thunderbird als »personal luxury car«. Leider schaffte es der Thunderbird jedoch nicht, trotz seines starken – aber auch schweren – Motors nicht, als Wettbewerber ernst genommen zu werden. Dabei gewann der nach einem indianischen Totem benannte »Donnervogel« zahlreiche NASCAR-Rennen für Serienwagen. Seinen kommerziellen Erfolg verdankte das Auto eher seinem Fahrkomfort als einem sportlichen Image. Entstanden war der Zweisitzer, der als Cabriolet und auch als Hardtop-Coupé mit seitlichen Bullaugen konzipiert war, innerhalb weniger Monate. Im Februar 1954 gingen die ersten Prototypen auf die Straße, und schon am 9. September des gleichen Jahres begann in Detroit die Serienproduktion. Innerhalb weniger Tage gingen 3500 Bestellungen ein. Der 5113-ccm-V8-Motor leistete 225 PS, die Höchstgeschwindigkeit betrug 185 km/h. Da er auf hohe Stückzahlen ausgelegt war, konnte der Thunderbird recht preisgünstig angeboten werden. Doch nach den ersten Verkaufserfolgen ging die Begeisterung zurück. Das Ford-Management versuchte, den Thunderbird der zweiten Generation, gebaut ab 1958, zu optimieren und spendierte ihm eine Sitzbank im Fond, so dass er als 2+2 benutzt werden konnte, und um das daraus resultierende höhere Gewicht zu kompensieren, kamen auch leistungsstärkere Motoren ins Programm wie den 7,1-Liter-V8 aus dem großen Lincoln mit stattlichen 350 PS. In der dritten Generation, produziert von 1961 bis 1963, präsentierte sich der Wagen schlanker und rassiger, auch gab es zahlreiche Besonderheiten wie eine Fondabdeckung mit Kopfstützen und ein automatisch zur Seite schwenkbares Lenkrad, das den Ein- und Ausstieg erleichtern sollte. Ältere, etwas beleibte Herren schienen eine neue Zielgruppe zu sein. Erstmals konnte man das Hardtop auch mit einem Schiebedach bekommen. Doppelscheinwerfer und kreisförmige Rückleuchten machten das Auto zu einer markanten Erscheinung. In der Parade zur Einführung von John F. Kennedy in sein Amt als Präsident der USA gab der Thunderbird der dritten Generation sein Debüt. Die Karriere des Thunderbird setzte sich mit wechselnden Erfolgen bis 1997 fort, wobei es ab 1966 für viele Jahre kein Cabriolet mehr gab. 1964 war die vierte Generation erschienen, ein Jahr später führte man Scheibenbremsen ein. In der elften Generation schließlich, vorgestellt 2002, bot man auch wieder eine offene, zweisitzige Version an. Das im Retrodesign gehaltene Fahrzeug teilte sich mit dem Jaguar S-Type das Fahrwerk und den 3,9-Liter-Motor; Jaguar gehörte inzwischen zu Fords Premier Automotive Group. Sicherlich war der letzte Thunderbird ein moderner und solide konstruierter Wagen, doch weniger erfolgreich als erhofft. Ford nahm ihn 2005 wieder aus dem Programm.

134–135 Um die Fertigungskosten niedrig zu halten, produzierte Ford den Thunderbird mit einem Stahlblechaufbau und nicht, wie Chevrolet es bei der Corvette praktizierte, mit einer in Handarbeit angefertigten Kunststoffkarosserie. Viele Bauteile stammten aus anderen Ford-Großserienwagen.

136–137 Der »Continental Kit« umfasste beim 1956er Modell eine Halterung für das Ersatzrad auf dem Heck, um Platz im Kofferraum zu gewinnen. Ein Anachronismus, der aber zu einem beliebten Stylingelement avancierte und Nachahmer fand.

Porsche 356 Speedster

Keiner der Sportwagen, an deren Entstehung Ferdinand Porsche vor 1939 beteiligt war, trug seinen Namen. Vielleicht hätte es der Auto Union Grand-Prix-Wagen verdient gehabt, als »Porsche« in die Geschichte einzugehen. Der nach dem Krieg entwickelte Heckmotor-Sportwagen dieses Namens basierte zwar auf dem Volkswagen, war aber eine Konstruktion, die unter Ferdinand Porsches Sohn Ferry entstanden war, seit 1931 Assistent des Herrn Professor. Der erste, mit der Bezeichnung 356 belegte Porsche erschien Ende 1948; im März 1949 erfolgte in Genf das offizielle Debüt. Die Ansätze zu seiner Form, sichtlich verwandt mit der des VW, gingen auf die Dreißigerjahre zurück; damals waren drei Rennwagen für die geplante, jedoch nie gestartete Wettfahrt Berlin-Rom entstanden, die als Vorläufer des 356 anzusehen sind. Die ersten 50 Exemplare wurden in Gmünd (Kärnten) gebaut, Porsches Domizil während der Kriegsjahre. 1950 zog die Firma wieder nach Stuttgart um, in die Betriebsräume des Karosseriewerks Reutter. Hier entstanden die Aufbauten nun in Stahlblech statt aus Aluminium, was höheres Gewicht bedeutete – als Ausgleich gab es die Option auf einen 1,3-Liter- und ab 1952 auf einen 1,5-Liter-Motor.
Ein Jahr später erschien der Speedster. Er war vor allem für den Export vorgesehen, zum Beispiel ins sonnige Kalifornien, wo Sportwagen kein Dach be-

nötigten. Statt eines solch spartanisch ausgestatteten Zweisitzers mit niedriger Frontscheibe verlangte der Porsche-Kunde in Europa jedoch ein komfortableres Cabrio, und ein solches ließ das Werk ab August 1958 bei Drauz in Heilbronn herstellen, wo auch der Speedster gebaut wurde.

Signifikante Änderungen erfuhr der Wagen 1955, als der 356A erschien. Er wies eine etwas geänderte Frontpartie und eine einteilige Windschutzscheibe auf. Auch das Interieur hatte man aufgewertet; vor allem gab es zwei neue Vierzylindermotoren mit 1290 und 1562 ccm. Das Modell 1600 ersetzte den 1500 und war mit 75 oder 90 PS zu haben.

Im selben Jahr stellte Porsche den 356 Carrera vor. Der hatte wieder den 1498-ccm-Motor, auf 112 PS getunt und für 210 km/h gut (später war er in 1,6- und in 2,0-Liter-Versionen erhältlich). Den 356A und dessen Carrera-Derivat gab es bis 1959, als der 356B 1,5 Liter erschien. Nach drei weiteren Jahren schließlich war der 356C an der Reihe, mit optimiertem Fahrwerk und Scheibenbremsen an allen Rädern, die bisher nur die Carrera-Version des 356B gehabt hatte. Der von 1963 bis 1965 gebaute 356C, je nach Motorbestückung bis 200 km/h schnell, war eine Weiterentwicklung dieses so erfolgreichen Sportwagens, der innerhalb kurzer Zeit auch dem Rennport ganz neue Impulse verliehen hatte.

138–139 und 140–141 Frühe Porsche-Motoren wie die im 356 waren im Grunde genommen nur wenig modifizierte Volkswagen-Aggregate. Mit dem Vierzylinder-Ur-Boxer hatten sie die Zuverlässigkeit und Langlebigkeit gemeinsam.

Chevrolet Corvette

Die Corvette von Chevrolet gehört längst zu den am meisten respektierten Autos aus den Vereinigten Staaten. Doch als das auf einer verkürzten Limousinen-Plattform aufgebaute Urmodell 1953 vorgestellt wurde, tat sich das von Harley Earl, seit 1937 Chef der GM-Styling Group, so meisterhaft gezeichnete Cabrio recht schwer, eine gute Reputation zu erlangen. Denn so adrett der weiße lackierte Wagen mit seinem roten Interieur und dem schwarzen Verdeck aussah, so behäbig bewegte er sich mit seinem Sechszylindermotor mit 3851 ccm und 150 PS von der Stelle.

Auch weil die weitgehend von Hand gebaute Corvette mit ihrer Karosserie aus glasfaserverstärktem Kunststoff teurer als ein Jaguar war, blieb der Verkaufserfolg erst einmal aus. 1953 fanden sich nur 183 Kunden für den neuen Zweisitzer. Und auch 1955 waren es noch immer nicht mehr als 700. Es war der Ingenieur Zora Arkus-Duntov, der die GM-Bosse davon überzeugen konnte, dass die Corvette allein mit einem starken V8-Motor Erfolg haben würde, und unter seiner Leitung erfuhr der Wagen auch zahlreiche weitere Änderungen. Er bekam die auffallenden Auskehlungen an den Seiten, Kurbelscheiben und ein Hardtop. Ein 4343-ccm-V8-Motor mit 195 PS löste den Sechszylinder ab.

Der in dieser Ausführung 1956 präsentierte Sportwagen durchlief in fast jedem Jahr weitere Modifikationsstadien. So bekam er 1957 einen stärkeren 4638-ccm-Motor mit 220 PS, und jetzt stiegen die Verkaufszahlen endlich an. 1963 löste die zweite Corvette-Generation die erste ab. Es kam der Sting Ray mit seiner Fastbackkarosserie, deren markantestes Detail eine sehr große, in der Senkrechten geteilte Heckscheibe war. Serienmäßig

wies die Corvette jetzt Einzelradaufhängungen auch hinten auf, Kraftstoffeinspritzung sowie Räder mit Zentralverschluss. Zu den Optionen gehörten Servolenkung und Ledersitze. Eine zu Rennzwecken entwickelte Version, genannt Z-06, mit einem 5,4-Liter-V8 und verstärkten Bremsen war ebenfalls entstanden. 1973 kam es abermals zu einem Generationswechsel. Die Karosserie wies nun ein schräg abfallendes Kamm-Heck auf, doch die Motoren hatten weniger Power: Ihre Leistungen waren infolge Kompressionsverminderung niedriger, um den neuen Emissionsgesetzen zu genügen und mit bleifreiem Kraftstoff auszukommen. 1974 wurden die Stoßstangen verstärkt, um den gesetzlich geforderten 5-mph-Aufprall absorbieren zu können. Mit der etwas laschen Leistung von nur 205 PS aus 5735 ccm Hubraum verabschiedete sich 1975 das Cabriolet. Erst 1986 sollte es wieder eine offene Corvette geben.

142–143 Auffallend waren bei der Corvette der Baureihe C1, gebaut von 1958 bis 1960, die Doppelscheinwerfer, die seitlichen, farbig abgesetzten und mit Chromleisten eingefassten Auskehlungen sowie der neue Kühlergrill mit neun statt bisher 13 Zierstäben.

144–145 Den 4637 ccm großen V8-Motor der 1958er Corvette gab es in drei Leistungsstufen: 190, 200 und 220 SAE-PS. Die entsprechenden DIN-PS-Werte liegen teils bis zu 20 Prozent darunter.

Ferrari 250 GT

Der beste Ferrari sei der, den er erst noch bauen müsse, soll Enzo Ferrari jedes Mal gesagt haben, wenn im Zeichen des sich aufbäumenden Rappen ein neues Modell präsentiert wurde. Ferrari-Liebhaber sind sich aber darin einig, dass einer der besten Wagen aus Maranello wohl der 250 GT California Spyder ist; nicht umsonst rangiert dieses Modell unter den teuersten auf dem Markt der Sammlerfahrzeuge weltweit.

Die Typenreihe 250 ist in der Ferrari-Geschichte aus mehreren Gründen von Bedeutung. Zum einen handelt es sich bei diesen Fahrzeugen um die ersten, die in großer Stückzahl produziert wurden; zum anderen ist der 250 der erste Ferrari mit Scheibenbremsen,

146–147 Klassisch geworden ist diese Ferrari-Front mit ihren Scheinwerferabdeckungen, die beim California Spider gestreckter verliefen als beim GT und zeitweilig aus Plexiglas bestanden. Die Lufteinlässe zur Beatmung des V12-Motors waren so gut wie identisch.

148–149 Als Ferdinando Innocenti, der berühmte Lambretta-Produzent, bei seinem California Spider Rostbildung an den Kotflügeln und Beschlägen feststellte, ließ er sich bei einem Spezialisten kurzerhand Ersatz aus rostfreiem Stahl nachfertigen.

und es gab ihn als ersten Viersitzer. Nicht zuletzt war der 250 als Rennwagen sehr erfolgreich.

Als 250 GT Europa leistete der 2953 ccm große V12 240 PS. 1956 kam der 250 GT in weiteren Versionen heraus. Zuerst entstanden 26 Exemplare bei Boano in Turin, weitere 49 karossierte ab 1957 Ellena. Scheibenbremsen gehörten jetzt zum Serienumfang. 1958 präsentierte Pinin Farina (der Firmenchef schrieb seinen Familiennamen ab 1961 in einem Wort) ein 250 GT Coupé; der Wagen wurde 343 mal gebaut und war jetzt mit einem 235-PS-Motor versehen.

Der erste viersitzige Ferrari wurde 1960 vorgestellt. Es war ein Typ 250 mit der Bezeichnung 2+2/GTE. Um mehr Platz im Innenraum zu erhalten, hatte man den Motor etwas nach vorne versetzt. Der letzte 250 GT bekam 1962 den Beinamen Lusso, hatte nur 2,40 m Radstand und einen Aufbau von Scaglietti. Wegen seines verkürzten Radstands bezeichnete man das Auto als »short wheel-base«, daher das Kürzel SWB. Die ersten 21 Exemplare dieses auf 280 PS erstarkten Ferrari stellten reine Wettbewerbsmodelle mit Aluminium-Aufbauten dar, was 90 kg Gewicht einsparte. Beim 1960er 24-Stunden-Rennen in Le Mans kamen zwei Wagen auf die Plätze 4 und 5, und das 12-Stunden-Rennen von Sebring, Florida, verlief ebenso erfolgreich.

1957 stellte Ferrari den auf Anregung von Luigi Chinetti speziell für die USA konzipierten 250 GT Spyder mit dem Beinamen California vor, der bis 1962 gebaut wurde. Die erste Serie (inoffiziell GT Spyder California LWB genannt) besaß eine von Pinin Farina gezeichnete und bei Scaglietti gefertigte Karosserie. Der Radstand betrug 2600 mm, die Leistung 220 PS. Anders als beim normalen 250 GT Cabriolet besaß die Karosserie Türen und Hauben aus Leichtmetall. Bis 1959 baute man 49 Exemplare der ersten Serie. Für den Jahrgang 1960 (zweite Serie, 250 GT Spyder California SWB) wurde der Radstand auf 2400 mm verkürzt und die Karosserie etwas geändert; auch besaß der Spyder inzwischen Scheibenbremsen. Angetrieben wurde das Juwel vom 280-PS-Motor. Bis 1962 entstanden 55 Stück.

Die Sechzigerjahre:
Die Goldene Ära des Sportwagens

MAN KANN SAGEN, DASS DIE SECHZIGERJAHRE FÜR EUROPAS MOTORISIERUNG BESONDERS WICHTIG WAREN. INNERHALB DIESES JAHRZEHNTS VERDREIFACHTE SICH DER AUTOBESTAND IN DER ALTEN WELT. DEM ABSATZ FÖRDERLICH WAR DIE GRÜNDUNG DER EWG IM MÄRZ 1957, WAS EINEN VERSCHÄRFTEN INTERNATIONALEN WETTBEWERB ALS REGULATIV FÜR VERBRAUCHERPREISE UND FERTIGUNGSQUALITÄT ZUR FOLGE HATTE. IN DEN LÄNDERN MIT BEDEUTENDER AUTOMOBILPRODUKTION PROFILIERTEN SICH DIE MARKEN; IHR AUFTRITT WURDE ZUM MASSSTAB FÜR WIRTSCHAFTLICHE POTENZ. DIE KLEINSTAUTOS DER FÜNFZIGERJAHRE VERSCHWANDEN ALLMÄHLICH, DIE ANSCHAFFUNG EINES MITTELKLASSE-WAGENS RÜCKTE IN DEN MITTELPUNKT. DIE AUTO-MOBILINDUSTRIE ERLEBTE EINEN BOOM WIE NIE ZUVOR, UND VON FAST JEDEM MODELL GAB ES EINE EXPORT-VERSION. JETZT TRAFEN DIE NATIONAL GEPRÄGTEN UNTERSCHIEDE DER KONZEPTE AUFEINANDER, NICHT ZULETZT AUF DEN RENNSTRECKEN. WELTEN LAGEN ZWISCHEN DEN KLASSIKERN DER SPORTWAGEN-SCHMIEDEN WIE JAGUAR ODER ASTON MARTIN UND DEN INNO-VATIVEN, ABER AUCH SEHR TEUREN MERCEDES-BENZ. SIE ALLE PROFITIERTEN VOM PRESTIGEFAKTOR, DEN LIEB-HABER SCHNELLER SPORTWAGEN IHRER JEWEILIGEN MARKE ZUERKANNTEN. DAS GALT IN BESONDEREM MASSE FÜR ITALIENISCHE SPIDER WIE JENE AUS DEM HAUSE ALFA ROMEO – AUTOS, DIE ZUDEM ERSCHWING-LICH WAREN. IM PREMIUMSEGMENT WAREN DIE ITALIE-NER DANK FERRARI UND DANN AUCH LAMBORGHINI OHNEHIN UNTER SICH. ALLEN HERSTELLERN OFFENER FAHRZEUGE GEMEINSAM WAR DAS ANLIEGEN, MÖG-LICHST VIELE AUTOS AN AMERIKANER ZU VERKAUFEN, DENN DIE BEZAHLTEN MIT US-DOLLARS, JENER INTER-NATIONALEN LEITWÄHRUNG, MIT DER MAN AUF DEN WELTMÄRKTEN WIEDERUM ROHSTOFFE EINKAUFEN KONNTE. SO MANCHES IN EUROPA GEBAUTE AUTO WAR ÜBERHAUPT NUR IM HINBLICK AUF EINE ÜBERWIEGENDE VERMARKTUNG IN DEN USA ENTSTANDEN.

ES WURDE »SCHICK«, SICH IN EINEM CABRIOLET SEHEN ZU LASSEN, WOBEI ALS KOMPROMISS ZWISCHEN EINEM GESCHLOSSENEN UND EINEM OFFENEN WAGEN DIE IN DEN FÜNFZIGERJAHREN SO POPULÄRE CABRIOLIMOUSINE LEIDER NICHT MEHR ZU HABEN WAR. SIE SOLLTE ERST SPÄTER ALS TARGA-COUPÉ WIEDER AUFERSTEHEN.

Mercedes
300 SL Roadster

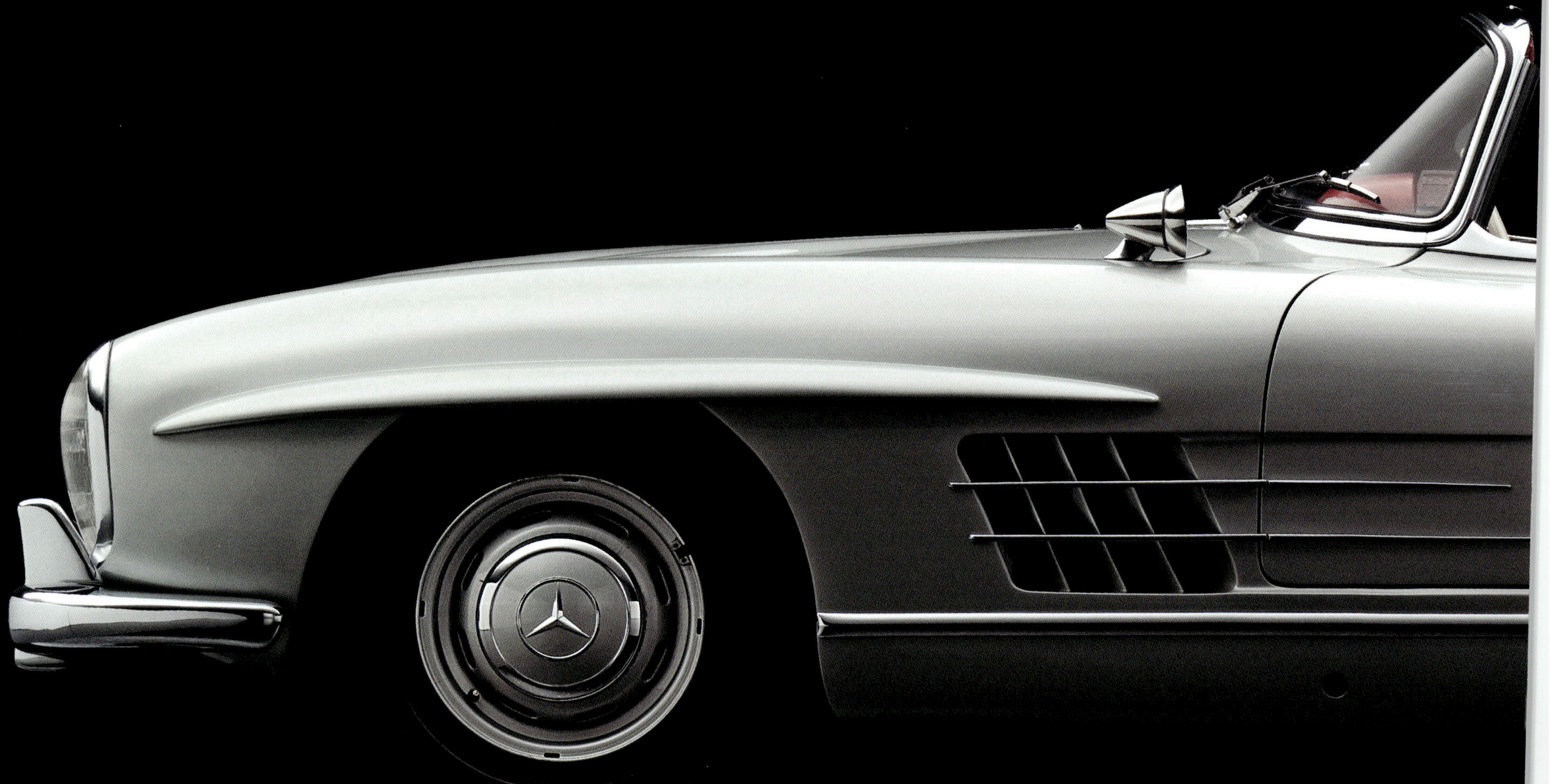

Wie bei der großen Prestige-Limousine stand die Chiffre 300 beim Mercedes-Benz 300 SL für drei Liter Hubraum; die Buchstaben SL bedeuteten »Sport« und »Leicht«. Der erste Wagen mit dieser Modellbezeichnung erschien 1952 und war eines der erfolgreichsten Rennfahrzeuge aller Zeiten. Es gewann zwei bedeutende Rennen schon im ersten Jahr: die 24 Stunden von Le Mans und jenseits des Atlantiks die Carrera Panamericana. Sein äußeres Erkennungsmerkmal waren die nach oben öffnenden Flügeltüren, weil das hochbordige Rohrrahmen-Chassis die Verwendung normaler Seitentüren nicht gestattete. Der 300 SL war nicht nur extrem schnell, sondern auch ein formal gelungenes Automobil. Es veranlasste den amerikanischen Mercedes-Importeur Max Hoffman in New York, Daimler-Benz den Vorschlag zu unterbreiten, einen solchen Wagen in Serie zu bauen. So entstand jenes berühmte »Gullwing« Coupé mit 215 PS starkem Sechszylinder-Einspritzmotor, das auf der New York Auto Show 1954 großes Aufsehen erregte. Es hieß, der Wagen sei an die 250 km/h schnell, ein Tempo, das für amerikanische Autos undenkbar war. Die überwiegend aus Stahlblech bestehende Karosserie wies auch Teile aus Leichtmetall auf, und für Rennzwecke bot Daimler-Benz eine Ausführung gänzlich in Aluminium an. Doch so beeindruckend das schnelle und agil zu fahrende Coupé auch war, es taugte nicht unbedingt für den Einsatz als normales Straßenfahrzeug. Erst der ihm nachfolgende Roadster mit neu konstruierten Flanken und konventionellen Türen vermochte in dieser Disziplin zu überzeugen. Eine Änderung wies die Hinterachse auf: man war von der Pendel-Schwingachse zur Eingelenk-Pendelachse übergegangen mit zusätzlichen Ausgleichs-Schraubenfedern, was die Straßenlage spürbar verbesserte. Platz für einen Notsitz gab es auch beim Roadster nicht. Hinter den Sitzen ließ sich etwas Gepäck unterbringen, doch wenn man offen fuhr, musste dort das Verdeck unter einer Klappe verschwinden. Der Roadster hatte jedenfalls einen größeren Kofferraum als das Coupé. Ab Herbst 1958 gab es für den offenen Wagen auch einen Hardtopaufsatz. Waren vom Coupé 1400 Exemplare gebaut worden, so brachte es der von 1957 bis 1962 produzierte Roadster – wenn auch in einem längeren Zeitraum – auf 1858 Stück. Etwa achtzig Prozent aller 300 SL wurden in den USA verkauft. Max Hoffmans Erwartungen hatten sich damit erfüllt. Er war es übrigens auch, der anregte, eine kleinere Ausgabe herauszubringen. Abermals erwies sich sein Vorschlag als richtig. Dieses Auto war der 190 SL mit Vierzylindermotor, der ein Bestseller in seiner Kategorie wurde.

152–153 In seiner Ausführung als Roadster profitierte der 300 SL von Verbesserungen, die zum Schluss das vor ihm produzierte Flügeltüren-Coupé erfahren hatte. 1958 war für den Roadster ein aufsetzbares Harttop erhältlich, 1961 erhielt er serienmäßig Scheibenbremsen.

154–155 Mit 225 PS war der Einspritzmotor im Roadster um 10 PS stärker als im Flügeltüren-Coupé. Doch der »Gullwing« wies günstigere aerodynamische Werte auf und war dadurch in der Spitze etwas schneller. Entscheidend dafür aber war die Wahl der Hinterachsübersetzung.

Jaguar E-Type

JAGUAR

Dienstag, 14. März 1961. Mit einer halben Hundertschaft aus aller Welt angereister Journalisten wartet im Genfer Parc des Eaux Vives der Jaguar-Boss Sir William Lyons ungeduldig auf das Eintreffen seines Pressechefs Bob Berry, der mit einem nagelneuen Auto am Vorabend im 1100 km entfernten Coventry gestartet war – ein Auto, das den Zeitungsleuten für Testfahrten zugesagt worden war. Pünktlich auf die Minute traf Berry ein, gerade rechtzeitig genug, um das Fahrzeug waschen und volltanken zu lassen. Sir William und sein Schweizer Repräsentant Emil Frey konnten aufatmen, der Beifall war groß: Der neue Jaguar E-Type hatte sich wirkungsvoll in Szene gesetzt. Als der Genfer Automobilsalon zwei Tage später offiziell eröffnet wurde, war Jaguar mit zwei Exemplaren des E-Type vertreten, einem Coupé und einem Cabriolet. Die Fahrzeuge bestachen durch ihre elegante Linienführung, ihre Technik und ihren günstigen Preis. Der betrug nur die Hälfte dessen, was ein Ferrari oder ein Aston Martin kostete, mit denen sich der E-Type durchaus vergleichen ließ. Der als erster Jaguar nicht mehr von Lyons selbst gezeichnet worden war; das Design war das Werk des Aerodynamikers Malcolm Sayer.

Die Fahrzeuge sahen nicht nur hervorragend aus, sie brillierten auch mit guten Fahreigenschaften, und sie waren schnell, bis 240 km/h. Unter der langen Motorhaube befand sich der im XK 150S hinlänglich erprobte 3,8-Liter-Sechszylinder in dohc-Bauweise, und man sah auch die Einzelradaufhängung an einer neuen Dreieckslenker-Konstruktion mit Schraubenfedern. Der bis 1964 gebaute 3,8-Liter-Motor wurde von Kritikern höher gelobt als der ihm nachfolgende 4,2-Liter, der dennoch in größerer Zahl produziert wurde und auch ein stärkeres Drehmoment aufwies. Zugleich hatten Getriebe und Bremssystem Verbesserungen erfahren.

Ein drittes Modell erschien 1966: Der 2+2 mit einem um 23 cm verlängerten Radstand, wobei der Wagen auch 110 kg Gewicht zulegte. Mit der von Haus aus praktischen Hecktür war der Fondraum jetzt noch besser nutzbar, allerdings befand sich die längere Dachpartie nicht mehr ganz im Einklang mit den Gesamtproportionen.

In seiner letzten Variante erschien der E-Type 1971 mit einem V12-Motor, ein Aggregat mit 5,4 Litern Hubraum und 272 PS, das Jaguar später auch im Rennsport großartige Erfolge einbrachte. Sowohl der Roadster als das 2+2-Coupé waren in dieser Motorisierung zu bekommen. Zum Serienumfang gehörten innenbelüftete Scheibenbremsen und Servolenkung. In jeder seiner Versionen ist der E-Type heute ein Liebhaberobjekt, und von ihrer Alltagstauglichkeit haben diese Sportwagen auch vier oder fünf Jahrzehnte später nichts eingebüßt.

156–157 Die transparenten Abdeckungen der Scheinwerfer gab es nur bis 1967. In einigen Ländern waren sie auch nicht erlaubt. Eigenwillig nehmen sich die drei Scheibenwischerarme aus.

158–159 In dem gut gestalteten Heck gab es nur relativ wenig Platz für Gepäck, weil die Hinterachse allerhand Raum beanspruchte. Das klassisch gehaltene Interieur wies viel Leder, ein Lenkrad mit Holzkranz sowie eine Vielzahl von Instrumenten und Schaltern auf.

Morgan Plus 4

Drei Autostunden von London entfernt liegt die Kleinstadt Malvern Link, wo sich 1909 die Morgan Motor Car Company etablierte. Dort baute man kleine, archaische Einsitzer; sie wiesen nur drei Räder auf und einen Motorradmotor von JAP über der Achse der beiden Vorderräder. Für Dreiradwagen zahlte man – nicht nur in England – weniger Steuern als für vierrädrige. Die Fahrzeuge tauchten schon bald in Rennen auf und waren sehr erfolgreich; wegen ihrer drei Räder ließ man sie stets in der Motorrad-Seitenwagenklasse starten. Ein Slogan lautete: »Einen Morgan zu fahren ist so schön wie fliegen«, und dem pflichteten viele Morgan-Besitzer gerne bei. Doch Henry Frederick Stanley Morgan mochte sich nicht damit zufriedengeben, seine Fahrzeuge als Motorräder eingestuft zu wissen. Er plante, auch vierrädrige Sportwagen zu bauen, doch erst ab 1936 erfuhr dieses Vorhaben eine Realisierung. Es entstand der Morgan 4-4, wobei die beiden Zahlen sich auf vier Räder und vier Zylinder bezogen (Ford 8hp, 1122 ccm). Der Morgan 4-4 darf für sich in Anspruch nehmen, das am längsten produzierte Automobil aller Zeiten zu sein. Noch 2005 gab es ihn zu kaufen. Viele Konstruktionselemente blieben über die Jahrzehnte konstant, so der Rohrrahmen, die hintere Starrachse mit Blattfedern sowie die über einen Rahmen aus Eschenholz gebaute Roadsterkarosserie.

160–161 und 162–163 Im Vergleich zu vielen zeitgenössischen Sportwagen gibt sich der Morgan Plus 4 betont konservativ. Als Reisefahrzeug war er nicht gedacht, denn er hatte keinen Kofferraum, selbst das Ersatzrad fuhr außenbords mit.

1939 musste die Fertigung kriegsbedingt unterbrochen werden, doch schon Ende 1945 wurde sie wieder aufgenommen. Eine weitere Unterbrechung gab es von 1950 bis 1955, als der Plus 4 Vorrang hatte. Und pro Jahr mehr als 100 Fahrzeuge zu bauen kam in Malvern Link nie in Betracht. Alle waren bisher Zweisitzer gewesen, bevor 1950 der Plus 4 erschien. Dieser ebenfalls als Roadster karossierte Morgan folgte im Design dem 4-4 und hatte einen Standard-Vanguard-Motor (Morgan stellte nie eigene Motoren her). Typisch waren die Cycle wings und die freistehenden Scheinwerfer. Doch mit mehr Länge und Breite als beim 4-4 war der Plus 4 geräumig genug, um vier Personen Platz zu bieten. Das Vierganggetriebe war vollsynchronisiert, die Bremsen arbeiteten hydraulisch. Ab 1960 wurden vordere Scheibenbremsen eingebaut. Der 2,1-Liter-Vanguard-Motor wich 1958 einem 2,0-Liter-Motor des Triumph TR3, den man optional bereits ab 1954 bekommen konnte, und 1961 gab es abermals einen neuen Motor, jetzt war es der 2,2 Liter des Triumph TR4, mit dem der viersitzige Morgan 170 km/h schnell war. Schließlich gab es auch einen Plus 4 Super Sports, angeboten 1962–68, mit zwei Weber-Vergasern und höherer Verdichtung. In dieser Version war der Morgan sogar 195 km/h schnell – ein Abenteuer in Anbetracht der harten Federung und der direkten Lenkung.

Aston Martin DB5 Convertible

164–165 Das Design der Karosserie stammte von Touring Milano, in deren Lizenz der Aufbau in England gebaut wurde. Die Technologie des Superleggera-Prinzips basiert auf einer stählernen Gerüststruktur mit aufgesetzten Panelen aus Leichtmetall.

166–167 oben und unten Eine üppige Verwendung von edlem Leder kennzeichnet das Interieur des DB5. Das Armaturenbrett ist reichlich mit Instrumenten bestückt; auf Wunsch konnte man es sich beim Cabriolet in der Wagenfarbe lackieren lassen.

Der smarte Filmheld James Bond alias 007 und der britische Geschäftsmann David Brown hatten wenig gemeinsam, doch es war ihnen bestimmt, dass ihre Wege sich kreuzten. Während sich Bond als erfolgreichster Geheimagent der Welt international einen Namen machte, wurde Brown als Sanierer der Automobilmarke Aston Martin berühmt, die er 1945 übernommen und durch enorme Investitionen vor dem Untergang bewahrt hatte. Jedes Modell, das unter seiner Regie auf den Markt kam, trug seine Initialen. Der DB2 (1950–1953), der Rennsportwagen DB3, der DB2/4 (1952–1957) sowie der DB4 (1958–1963) durften das Prädikat hochwertiger Qualitätswagen in Anspruch nehmen; ihre 2,6-, 3,0- und 3,7-Liter-Sechszylindermotoren basierten auf einer Konstruktion des berühmten Ingenieurs Walter Owen Bentley. Die Coupékarosserie der Fahrzeuge stammte von Frank Feeley, Chassis und Fahrwerk von Claude Hill, die als Spitzenkönner ihres Fachs bekannt waren.

Am Lenkrad eines speziell ausgerüsteten, 225 km/h schnellen Aston Martin DB5 bewegte sich Sean Connery als Retter der Menschheit durch den Film »Goldfinger«. Das Superauto des britischen Geheimagenten verfügte über zwei ausfahrbare Maschinengewehre, kugelsichere Scheiben, Telefon, Radargerät, Schleudersitze, rotierende Messerklingen in den Radnaben, Nebelwerfer und auf Knopfdruck zu wechselnde Kennzeichen. Allerdings war Bonds Aston Martin kein Cabriolet, sondern ein Coupé. Es wies eine typisch italienische Linienführung auf – das Karosseriedesign stammte nämlich von Touring Milano. Das Modell DB5, gebaut von 1963 bis 1966, ersetzte sowohl den DB4 als auch den DB4GT, von dem er einige Besonderheiten mit auf den Weg bekam, so die Girling-Scheibenbremsen an allen vier Rädern, den 3995-ccm-dohc-Motor mit drei SU-Vergasern sowie die etwas zurückgesetzten Scheinwerfer mit Plexiabdeckungen. Das Cockpit war noch besser gegen den Motorraum gegen Geräusche abgeschottet, Federung und Dämpfung etwas komfortabler ausgelegt. Der DB5 fuhr sich allerdings, weil er auch etwas schwerer geworden war, nicht ganz so sportlich wie der DB4, mit Ausnahme der Vantage-Ausführung, die einige zusätzliche PS aufwies und mit drei Weber- statt SU-Vergasern sowie einem Fünfganggetriebe von ZF geliefert wurde. Interessanterweise konnte der DB5 nicht nur als Cabriolet, sondern auch als Sportkombi bestellt werden, doch nicht mehr als zwölf Stück karossierte die Firma Radford auf Kundenwunsch als »Shooting Break«. Zu diesem Zweck erhielt der Superleggera-Aufbau einen Zusatzrahmen im Heck, und das Ergebnis sah gar nicht einmal schlecht aus. Von allen Versionen des knapp 190 km/h schnellen DB5 wurden zusammen rund 1000 Stück fabriziert, davon 123 als Cabriolet, bevor die Baureihe durch den DB6 abgelöst wurde. Dessen offene Version war die erste, die unter der Zusatzbezeichnung »Volante« angeboten wurde.

Rolls-Royce Silver Cloud

Der Anfang April 1955 vorgestellte Silver Cloud folgte dem Silver Dawn und war mit dem parallel gebauten Bentley S1 bis auf die Kühlermaske identisch. Synergie-Effekte in der Konstruktion und Produktion hatte es zwischen Rolls-Royce und Bentley natürlich schon lange vorher gegeben, doch beim Silver Cloud wurden sie erstmals auf den ersten Blick wahrnehmbar. Der 5385 mm lange Silver Cloud hatte einen 4887 ccm großen Reihensechszylinder von schätzungsweise 160 bis 170 PS und nach wie vor hydraulische Vorderrad- sowie mechanisch aktivierte Hinterradbremsen, vordere Einzelradaufhängung an Schraubenfedern und eine hintere Starrachse mit Blattfedern und Torsionsstäben. Servolenkung war ab Oktober 1956 zu bekommen. Es gab den herrschaftlichen Wagen ab 1957 auch mit längerem Radstand, und obwohl er mit Standard-Limousinenkarosserie angeboten wurde, machten noch immer einige Kunden von der Option Gebrauch, sich Sonderaufbauten anfertigen zu lassen, denn noch wies der Wagen ja ein separates Fahrgestell auf. Mit einem neuen Motor erschien 1959 der Silver Cloud II: der Wagen hatte einen V8 unter der Haube. Nicht zuletzt war es die amerikanische Kundschaft, die auf einem »vee-eight« bestand. Die über Zahnradpaare angetriebene Nockenwelle des 6230-ccm-Motors tauchte bei jeder Umdrehung mit den Nockenspitzen in ein Ölbad und betätigte im Zylinderkopf hängende Ein- und Auslassventile (ohv). Block und Köpfe des Motors waren aus Aluminium. Serienmäßig gab es einen Kompressor für den Antrieb einer Klimaanlage. Drei Schalldämpfer, eine sorgfältige Motorraum-Abdichtung sowie eine Gummi-Isolierung der Karosserie vom Rahmen sorgten für Eliminierung aller Geräusche: Beim Silver Cloud II traf die Behauptung zu, dass selbst bei laufender Maschine nur das Ticken der Uhr zu hören sei…

Ende 1962 wurde der Silver Cloud III vorgestellt, in vornehmer Zurückhaltung, wie stets bei Rolls-Royce. Die dritte Generation dieses noblen Automobils erhielt erst ein Jahr später einen unmittelbaren Konkurrenten – in Gestalt des Mercedes-Benz 600. Der bis zum Mai 1966 gebaute Silver Cloud III hatte nach wie vor ringsum Trommelbremsen, jetzt jedoch in Zweikreis-Hydraulik auch zu den Hinterrädern, zusätzlich zu der beibehaltenen Mechanik. Der Motor wies eine etwas höhere Verdichtung auf und leistete etwa 225 PS. Überarbeitet hatte man in Crewe auch die Karosserie, wobei die geringfügig verringerte Kühlerhöhe kaum auffiel.

In der Standardausführung entstanden vom Silver Cloud I insgesamt 2238 Fahrzeuge, dazu 673 mit verlängertem Radstand und einer Separation. Vom Silver Cloud II wurden ab Herbst 1959 weitere 2417 gebaut, und vom Silver Cloud III 1962–65 waren es 2044 Exemplare.

168–169 Die opulente Karosserie mit dem klassischen Kühler in Form eines griechischen Tempels verleiht dem Silver Cloud einen hoheitlichen Auftritt. Noch besaß das Auto ein separates Fahrgestell, das den Aufbau individueller Karosserien erlaubte, angefertigt von H. J. Mulliner, James Young oder Hooper.

170–171 Der Kunde konnte seinen Rolls-Royce in jeder gewünschten Lackierung bekommen, auch in Gelb und Schwarz. Die Version mit langem Radstand (3226 mm) bot im Fond Raum für zwei zusätzliche Klappsitze, womit der Wagen zum Sechssitzer wurde.

Ford Mustang

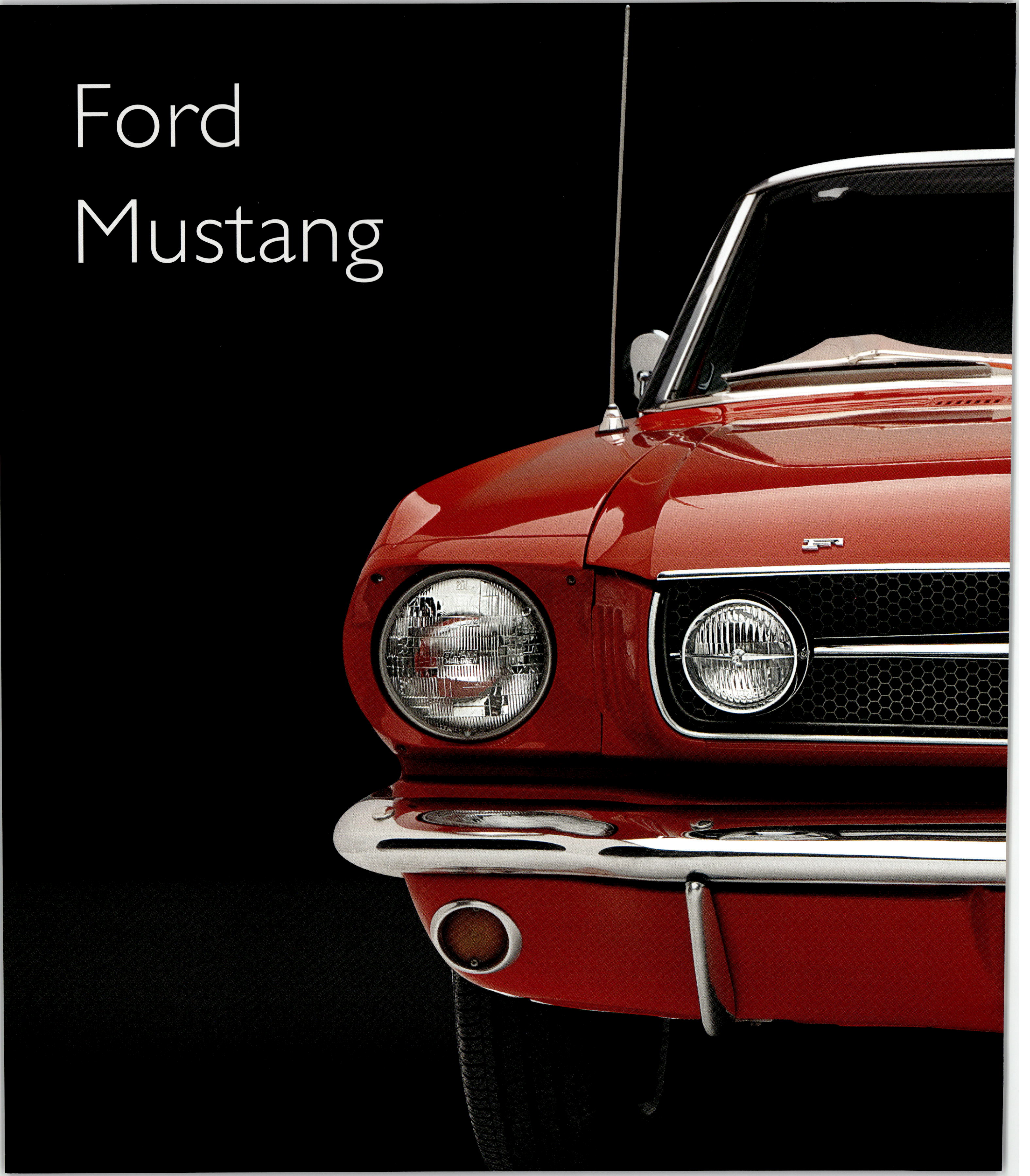

1964 ½
Ford MUSTANG

Ford-Chef Lee Iacocca war davon überzeugt, dass ein Sportwagen kompakter Abmessungen, in Amerika entwickelt und gebaut, enorme Marktchancen haben müsste. Auf ihn geht die Idee eines »pony car« zurück, ein Auto, das nach Art europäischer Vorbilder ein Zweisitzer sein sollte, nur etwas größer. So diente die Bodengruppe des Ford Falcon als Basis für alle weiteren Überlegungen, das war nicht nur wirtschaftlich von Vorteil, sondern erlaubte die wahlweise Verwendung von Sechszylinder- oder V8-Motoren. Und durch den Radstand des Falcon ergab sich auch die Konzeption des Mustang als Viersitzer. Sein Name bezog sich auf ein amerikanisches Kampfflugzeug, was nur auf dem deutschen Exportmarkt zu Schwierigkeiten führte: Dort gab es einen Krupp-Lastwagen dieses Namens, und so hieß der Wagen, als er in der Bundesrepublik vorgestellt wurde, schlicht T5.

Mitte 1964 erfolgte die Einführung des Mustang als Fastback, Hardtop-Coupé und Cabriolet. Natürlich favorisierte die Kundschaft den V8-Motor mit 270 PS, der dem Auto jenes Sprintvermögen gab, das sein Äußeres verhieß. Besonders schnelle Versionen entstanden in der Zusammenarbeit mit Carroll Shelby. 1967 unterzog man das Styling des Mustang diversen Veränderungen, wodurch er aggressiver wirkte, mit einem neuen Grill, neuem Heck und einer neuen Dachlinie. Unter der Motorhaube gab es mehr Platz für größere Triebwerke, etwa den 6391-ccm-V8, der den 4727-ccm-Motor ersetzte. Eine Krönung stellte der Shelby GT-500 mit 7014 ccm dar. Dies war der letzte von Shelby aufgemotzte Mustang.

Ein neuerliches Restyling erlebte der Mustang 1969, womit sich auch der Charakter des Fahrzeugs

wandelte. Von europäischen Vorbildern konnte keine Rede mehr sein. Der Wagen war um 10 cm länger und um 65 kg schwerer geworden. Es gab eine Version Mach I mit 5752-ccm-Motor sowie eine mit 7014 ccm, genannt Cobra Jet, die in drei Tuningstufen angeboten wurde. 1971 war für den Mustang insoweit ein besonderes Jahr, als die Serienversionen abermals länger, breiter und schwerer wurden – bei geringerer Motorleistung. 1974 traten die neuen Emissionsgesetze in Kraft, so dass selbst ein großvolumiger 331-c.i.-V8 nur noch 155 PS von sich gab, sollte er den Schadstoffregelungen in den USA genügen. Neue Stoßstangen, die eine Aufprallenergie bei Kollisionen bis zu 8 km/h zu absorbieren vermochten, ließen einen Mustang nicht hübscher aussehen.

1974 gab es den Mustang II mit Sechszylindermotor, 2,8 Liter klein, maximal 164 km/h schnell. Aber auch das V8-Modell mit 5,0 Litern Hubraum war nur noch 135 PS stark. Dennoch ließen sich diese Autos gut absetzen; in fünf Jahren verkaufte Ford von ihnen 1.107.718 Stück.

172–173 Die Jahreszahl 1964 ½ auf dem Kennzeichen bezieht sich auf das Jahr, in welchem Ford den Mustang auf dem Markt einführte. Das geschah im April auf der Universal Expo in New York. Schon fünf Monate später erschien das Modell 1965.

174–175 In Deutschland durfte die Modellbezeichnung »Mustang« nicht verwendet werden, weil die Wortmarke dem Lkw-Hersteller Krupp geschützt war; auch ein Kreidler-Mokick hieß so. Ford vermarktete bei uns den Wagen deshalb unter dem Kürzel T5.

Alfa Romeo 1600 Spider Duetto

Als Alfa Romeo 1966 nach einem Namen für einen neuen 1,6 Liter Spider suchte, wurde ein Wettbewerb ausgeschrieben. Unter den 140.000 Einsendungen – 15.000 kamen aus dem Ausland – befanden sich Vorschläge wie Patrizia, Sogliola, Sparviero, Stambecco, Eolo, Edelweiss, Zeus, Portofino, Lollobrigida, Dante, Coppi und Nuvolari. Häufig wurde Pini beziehungsweise Pininfarina genannt, zu Ehren des berühmten Turiner Designers Giovanni Battista Pinin Farina, der die Form des zweisitzigen Alfa Romeo geschaffen hatte und am 3. April 1966 verstorben war. Doch die Jury optierte für den Namen »Duetto« und prämierte für diesen Vorschlag den Einsender Guidobaldo Trionfi aus Brescia mit einem der ersten Wagen, die nun unter der neuen Bezeichnung vermarktet wurden. Doch man verwendete sie nur ein Jahr lang, denn es hatte sich herausgestellt, dass es ein mit Fruchtgelee gefülltes Gebäck gleichen Namens gab...

Die Produktion des Alfa Romeo 1600 Spider betrug 6325 Stück, bevor er 1968 durch die Versionen 1300 und 1750 Veloce abgelöst wurde. Der Vierzylindermotor des 1600 hatte 1570 ccm Hubraum und leistete 109 PS, gut für 187 km/h. Sein Konzept basierte auf dem Alfa Romeo Giulietta SS Spider, einem 1961 entstandenen Prototyp, den man damals nicht weiterentwickelt hatte, weil er dem Management zu innovativ erschienen war. Intern bezeichnete man den Wagen als »coda lunga«: langes Heck oder auch »osso di sepia«: Tintenfisch-Schale. In der zweiten Serie hieß das Auto »coda tronca« oder Fastback.

Auf der technischen Plattform der Giulia, jedoch mit geringerem Radstand, wies der Spider zurück-

gesetzte und mit Plexiglas abgedeckte Scheinwerfer auf, die bei der US-Exportausführung später entfielen. Das Echo bei Alfa-Romeo-Liebhabern war beim Erscheinen des Wagens sehr positiv, doch es gab einige Kritik seitens der Motorpresse. Nicht in Bezug auf die Motorleistung, das Handling und die gute Straßenlage, sondern auf die Qualität der Verarbeitung, zudem war das Verdeck nicht dicht. Der Preis des Wagens wurde ebenfalls als zu hoch angesehen. In Deutschland kostete der Zweisitzer 12.990 Mark – um die Hälfte mehr als ein Karmann-Ghia Cabriolet. Zur Bekanntheit des Spiders trug der englische Film »Die Reifeprüfung« bei, der vorurteilsfrei die Beziehung einer verheirateten Frau zu einem jüngeren Liebhaber schilderte und damit das prüde Nordamerika schockte. In mehreren Baureihen (aufgelegt 1970–1983, 1982–1990 und 1990–1993) sprach der sportliche Alfa viele Enthusiasten an, junge, jung gebliebene und niemals alternde. Sie alle haben gelernt, mit den Mängeln ihres Autos zu leben, oder sie bei einer anstehenden Restaurierung nachhaltig behoben.

176–177 Diese beiden Alfa Romeo 1600 Duetto Spider waren im 1967 von Mike Nichols gedrehten Film »Die Reifeprüfung« zu sehen, gefahren von dem jungen Dustin Hoffman. Vom Southern California Alfa Club wurden sie zu Rennwagen umgerüstet.

178–179 Das Design des Alfa Romeo Duetto ist von besonderem Reiz. Kritiker bemängelten lediglich die Form des Hecks, das nicht die Eleganz der Frontpartie aufwies.

Fiat Dino

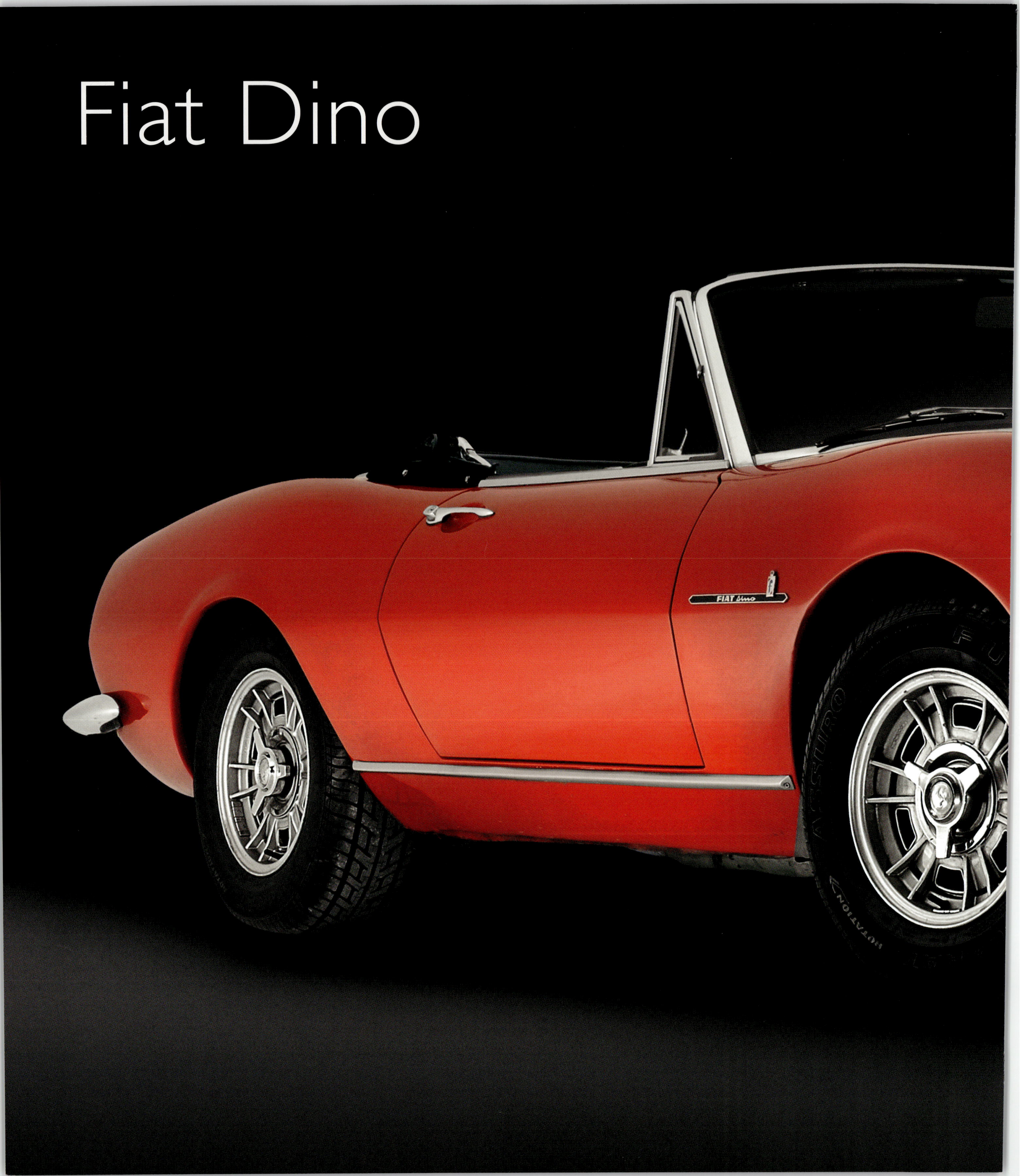

180–181 Der zuerst erschienene Dino 2000 (Foto) ist leicht vom Dino 2400 zu unterscheiden. Nämlich durch die beiden Chromstäbe im Grill, durch die Pininfarina-Plakette hinter den Türen und durch die noch fehlende Modellbezeichnung auf dem Heck.

182 oben und 182–183 Die Gesamtzahl der Dino Cabriolets, die Fiat in Zusammenarbeit mit Ferrari produzierte, beläuft sich auf 1163 Spider 2000 und 420 Spider 2400. Nicht schlecht für einen ausgesprochenen Nischen-Sportwagen.

Dino ist die Abkürzung von Alfredino und bedeutet »kleiner Alfred«. Und Alfredo Ferrari sollte eines Tages die Nachfolge des prominenten Commendatore von Maranello antreten; zu diesem Zweck studierte er in der Schweiz Ingenieurswissenschaften. Er regte 1955 die Entwicklung eines V6-Motors für die Formel 2 an. Er konnte die Vollendung seiner Idee jedoch nicht mehr erleben, er starb am 30. Juni 1956 an Muskelschwund.

Der Motor des von Alfredino Ferrari und Chefkonstrukteur Aurelio Lampredi entworfenen Formel-2-Wagens musste jedoch, um die Homologierung zu bekommen, innerhalb von 12 Monaten in 500 Exemplaren gebaut werden, weshalb man es erst einmal Fiat überließ, mit dem V6 einen sportlichen Straßenwagen zu bestücken. Mit einem Ferrari V6 D246 wurde der Brite Mike Hawthorn 1958 Formel-1-Weltmeister – mit nur einem Sieg (Frankreich), aber fünf Zweitplatzierungen. Der D246 war zugleich der letzte Formel-1-Wagen mit Frontmotor, der einen Grand Prix gewann, nämlich den von Italien 1960.

Trotz seiner geringen Begeisterung für Sechszylindermotoren traf Enzo Ferrari 1966 die Entscheidung, auch einen Straßensportwagen mit dem dohc-V6-Motor bauen zu lassen, welcher wie der Fiat in Andenken an seinen Sohn den Namen Dino erhielt. Der Motor des Dino 206 war identisch mit dem im Fiat Dino, hatte einen Zylinderwinkel von 65 Grad, 1978 ccm Hubraum, saß im Chassis quer zur Fahrtrichtung und wurde ebenfalls bei Fiat hergestellt. Der von Scaglietti nach einem Pininfarina-Entwurf eingekleidete Spider gab sein Debüt auf der Turiner Salon 1966 und wurde danach 1967 auch in Genf präsentiert. Ein Fiat Dino Coupé war dort ebenfalls zu sehen, es trug eine Bertone-Karosserie und war etwas kräftiger motorisiert. 1969 wurde aus dem Ferrari D206 der D246GT mit einem auf 2418 ccm vergrößerten Motor, der 195 PS leistete, gut für 227 km/h. Als sich herausstellte, dass der Leichtmetallblock des Motors bei Temperaturwechsel zum Verziehen tendierte, bekamen die Fahrzeuge einen Motorblock aus Grauguss. Die Michelin-Reifen des Sportwagens waren vom Typ XAS, die ersten mit einem asymmetrischen Profil. Übrigens hatte auch der Lancia Stratos den Ferrari-V6-Motor. Mit ihm wurde Sandro Munari 1974 bis 1976 drei Mal Rallye-Weltmeister.

Die Produktion des 2,4-Liter-Motors wurde von Fiat zu Ferrari nach Maranello transferiert. Eigentlich reichten seine 195 PS nicht ganz, um das höhere Gewicht des Wagens zu kompensieren, verursacht durch einen längeren Radstand mit entsprechend schwerer Karosserie. Weitere Modifikationen betrafen einen größeren Tank, neue Felgen und elektrische Scheibenheber. In der 1972er Ausführung wies der 246 GTS ein Targadach auf. Beide Versionen gab es noch bis 1973; bis dahin waren 2732 GT und 1189 GTS entstanden.

Die Siebziger-, Achtziger- und Neunzigerjahre:

Der Sportwagen wird zum Nischenmodell

IN DEN SIEBZIGERJAHREN FLACHTE DIE KURVE DER AUTOMOBILEN EXPANSION AB. ES WAR NICHT NUR ZU EINER SÄTTIGUNG DES NACHHOLBEDARFS GEKOMMEN, SONDERN DIE ERDÖL PRODUZIERENDEN LÄNDER HATTEN IHRE CHANCE ERKANNT, DIE GLOBALE MOTORISIERUNG BESSER NUTZEN ZU KÖNNEN. IN DER FOLGE STIEGEN DER ROHÖL- UND AUCH DER BENZINPREIS WELTWEIT, WAS DIE AUTOMOBILHERSTELLER IN FORM VON UMSATZEINBRÜCHEN ZU SPÜREN BEKAMEN. EIN ÜBERDENKEN DER PRODUKTIONS- UND AUCH BETRIEBSÖKONOMIE RÜCKTE IN DEN VORDERGRUND, NEUE TECHNOLOGIEN WAREN GEFRAGT. EFFIZIENTE EINSPRITZSYSTEME LÖSTEN DEN VERGASER AB, DAS RECYCLING KAM AUF. IN DIE ECKE GESTELLT SAH SICH DER SPORTWAGEN – VIELE SAHEN IN IHM EINEN NICHT ZEITGEMÄSSEN LUXUSARTIKEL. WER BRAUCHTE DENN EINEN ZWEISITZIGEN ROADSTER? AUCH DIE LAUTSTARK GEFÜHRTE DEBATTE UM VERKEHRSSICHERHEIT TRUG ZUR ABSATZKRISE BEI. DENN DER AUFWAND AN DIESBEZÜGLICHER FORSCHUNG UND ENTWICKLUNG SOWIE DIE ANWENDUNG NEUER SICHERHEITSKRITERIEN IN DER SERIE MACHTEN JEDES AUTO ZWANGSLÄUFIG TEURER. DAS OUTETE WIEDERUM JENE WIRTSCHAFTLICH SCHWACHEN HERSTELLER, DEREN DURCHHALTEN NUR EINE FRAGE DER ZEIT WAR. VOR ALLEM IN GROSSBRITANNIEN FAND EIN MARKENSTERBEN STATT, UND DIE ÜBERLEBENDEN WURDEN ZU AUSTAUSCHBAREN FIGUREN. VIELERORTS KAM ES ZU FUSIONEN, ÜBERNAHMEN ODER BESTENFALLS IDENTITÄTSVERLUSTEN. ABER DORT, WO IM LAUFE DER JAHRE NEUE CABRIOLET-KONZEPTE ENTSTANDEN, UNTERSCHIEDEN SICH DIESE ERHEBLICH VON DENEN DER VERGANGENHEIT. DENN JETZT ERHIELT MAN EIN CABRIO NICHT MEHR DURCH DIE BISHER HÄUFIG PRAKTIZIERTE BÜCHSENÖFFNERMETHODE, ALSO AUFSCHNEIDEN EINER SERIENLIMOUSINE. SCHON SICHERHEITSANFORDERUNGEN MACHTEN ES NOTWENDIG, OFFENE WAGEN ALS EBENSO EIGENSTÄNDIGE KONSTRUKTIONEN WIE GESCHLOSSENE ZU ENTWICKELN. DA SPORTWAGEN ABER ZUNEHMEND NISCHENMODELLE DARSTELLTEN, SCHLUG SICH IHR ENTWICKLUNGS- UND FERTIGUNGSAUFWAND IN IMMER HÖHEREN PREISEN NIEDER. ABER SELBST TEUERSTE SUPERCARS FANDEN DENNOCH IHRE KÄUFER.

Ferrari 365 GTS/4

Am 5. Oktober 1967 gewannen der Italiener Lorenzo Bandini und der Neuseeländer Chris Amon das 24-Stunden-Rennen von Daytona mit einem Ferrari 330 P4, gefolgt von zwei weiteren »Rotköpfen«, die Rad an Rad durchs Ziel fuhren: Ludovico Scarfiotti und Mike Parkes mit ebenfalls einem P4 sowie Pedro Rodriguez und Jean Guichet mit einem 412. Angesichts dieses grandiosen Erfolges gab Enzo Ferrari dem ein Jahr später präsentierten neuen Coupé vom Typ 365 GTB/4 den Beinamen »Daytona«. In den Verkaufsunterlagen war diese Bezeichnung allerdings nicht zu finden. Das Fahrzeug bestach durch sein innovatives, von Leonardo Fioravanti geschaffenes Design, realisiert bei Pininfarina. Von Fioravanti stammt übrigens auch das Meisterwerk 512 BB, vorgestellt 1976, sowie der 288 GTO von 1984.

Der V12-Motor des 365 GTB/4 Daytona hatte 4390 ccm Hubraum und leistete 352 PS. Der Aufbau saß auf einem Rahmen, wie ihn auch der 275 GTB/4 aufwies, mit Aufhängungen an Dreieckslenkern vorne und hinten. Es gab auch wieder ein in Transaxle-Bauart ausgeführtes Getriebe auf der Hinterachse mit einer ungeteilten Kardanwelle, die mit Motordrehzahl rotierte. Die Gänge ließen sich nicht sehr schnell schalten, was in Anbetracht der Leistung unerheblich war. Der 365 GTB/4 lief 278 km/h und beschleunigte in nur 5,4 Sekunden von Null auf 100 – damit sprintete er seinem Rivalen, dem Lamborghini Miura, auf und davon. Um adäquat verzögern zu können, wies der Daytona an allen Rädern innenbelüftete Scheibenbremsen auf. Sie saßen hinter neuen, fünfspeichigen Alufelgen von Borrani.

Auf Anregung des amerikanischen Ferrari-Importeurs Luigi Chinetti wurde der Wagen von 1969 bis 1973 auch in einer Ausführung als Cabriolet gebaut, der als 365 GTS/4 Spyder figurierte. Von ihm entstanden aber nicht mehr als 122 Exemplare, von denen sieben Rechtslenkung hatten; die meisten der 801 Daytonas wurden demnach als Coupé ausgeliefert. Zu den Kunden zählten viele Größen aus dem Show Business, vor allem in den USA. Nicht sehr glücklich war das Herstellerwerk in Maranello, als ein schwarzer, nachgebauter Daytona Spyder in der TV-Serie »Miami Vice« auftauchte, und das noch auf der Basis einer Corvette. Auch haben einige Coupé-Besitzer ihren Daytona nachträglich in ein Cabrio verwandeln lassen, was ihren Wert nicht steigerte. Eher war das Gegenteil der Fall.

186–187 Wie bei den meisten Ferrari bezog sich auch beim 365 die Modellbezeichnung auf den Inhalt eines Zylinders. Bei einem Zwölfzylinder ergibt dies 4380 ccm (de facto waren es knapp 4390, aber 365,8 wäre keine so glückliche Bezeichnung gewesen).

188–189 In seiner Rennsportausführung gewann der 365 zahlreiche Wettbewerbe. Zu den bedeutendsten zählen die drei Siege bei den 24 Stunden von Le Mans der Jahre 1972, 1973 und 1974.

Triumph TR4

Für den jungen Designer Giovanni Michelotti muss es von großem Reiz gewesen sein, einen nach konservativen Gesichtspunkten konstruierten britischen Sportwagen neu einzukleiden und damit eine flotte junge Lady entstehen zu lassen, deren Vorgängerinnen in seinen Augen eher spießbürgerlich dahergekommen waren. Mit Triumph verband den Italiener Michelotti seit 1959 ein Projekt, den damals aktuellen TR3 zu modernisieren, was im 329-mal gebauten Triumph Italia resultierte. Mit dem 1961 vorgestellten TR4 aber war ein gänzlich neues Fahrzeug auf die Räder gestellt worden – oder doch beinahe, denn das Chassis stammte noch vom TR3. Gleichwohl machte das italo-britische Auto einen topmodernen Eindruck. Mit seinem gelungenen Styling, der bewährten Technik und einem großzügigen Platzangebot war der Zweisitzer so manchem Konkurrenten überlegen. Das TR4 hatte eine Zahnstangenlenkung erhalten, ferner Servobremsen und ein vollsynchronisiertes Vierganggetriebe. In seiner Grundversion leistete der 2138-ccm-Motor 100 PS, doch es gab wahlweise noch den 1991-ccm-Motor vom TR3, der aber von nur wenigen Kunden bestellt wurde. Wer sich für den neuen Triumph-Sportwagen entschied, wollte ihn auch mit dem stärkeren Motor haben.

Triumph hatte es nicht ganz leicht, den TR4 zu vermarkten, denn die Konkurrenten MG und Austin-

190–191 Die seitlichen, vorn in die lang auslaufenden Zierleisten einbezogenen Blinkleuchten waren beim Triumph TR4A und dem nachfolgenden TR5 ein ebenso signifikantes Stylingmerkmal wie die eleganten Drahtspeichenräder.

192–193 Der TR4A war zwar nur ein Zweisitzer, wies aber für seine kompakten Abmessungen (3960 mm Gesamtlänge) einen passablen Kofferraum auf. 1968 machte dieser Wagen dem Sechszylinder TR5 Platz.

Healey waren international sehr erfolgreich. Mit Ausnahme weniger Optimierungen (zu ihnen zählten 1962 neue Sitze und 1963 Stromberg- statt SU-Vergaser) blieb der TR4 bis 1965 unverändert, als er zum TR4A mutierte. Diesen Wechsel nahm man hauptsächlich wegen des neuen MGB vor, der Triumph viele Kunden wegnahm. Der TR4A glich äußerlich dem TR4, hatte jedoch ein neues Chassis bekommen; es wies jetzt ringsum Einzelradaufhängung auf und entsprach darin dem Triumph 2000 Saloon. Es war höchste Zeit geworden, dem Fahrwerk des Sportwagens eine neue Konfiguration zu geben. Lediglich einige Triumph-Händler in den USA bestanden auf der alten Starrachse, und um ihrem Wunsch zu entsprechen, baute man in Coventry einige Hybriden mit der bisherigen TR4-Achse. Der Radstand von TR4 und TR4A war mit 2335 mm gleich geblieben, die Gesamtlänge des Wagens mit 3965 mm ebenfalls.

Nur ganz geringfügig hatte man beim TR4A den Kühlergrill geändert und dabei die Positionslichter auf die Kotflügel gesetzt. Das etwas höhere Gewicht des Wagens glich ein Plus von 4 PS aus. Aufsehen erregte ein von Mike Rothschild und Peter Bolton gefahrener TR4A, der bei den 12 Stunden von Sebring 1966 den Klassensieg davontrug. Bis zum August 1967 waren 28.465 TR4A entstanden; vom TR4 hatte man 40.253 Stück gebaut.

Porsche 911

Zu den Porsche-Legenden gehört der 911. Seine Vorstellung erfolgte 1964, wobei der Wagen anfangs als 901 bezeichnet wurde. Mit seinem Vorgänger hatte das Coupé die Grundform und das Antriebsprinzip gemeinsam, doch der 130 PS starke Zweiliter-Heckmotor war ein Sechszylinder. Der Wagen hatte Trockensumpfschmierung, vorne und hinten Scheibenbremsen, ein Getriebe mit fünf Gängen sowie Zahnstangen- statt Schneckenlenkung. Im Herbst 1965 kam eine weitere Karosserievariante ins Programm: der Targa. Seine Besonderheit waren ein breiter Schutzbügel über dem Cockpit, abnehmbare Dachteile und wahlweise eine feste oder ausknöpfbare Heckscheibe. Als weitere Variante kam 1966 der 911 S auf den Markt. Sein Motor leistete 160 statt 130 PS, seine Scheibenbremsen waren innenbelüftet, seine Felgen aus geschmiedetem Magnesium. Als vereinfachte Ausführung erschien 1967 der 911 T mit 110 PS. Alle Modelle waren mit einem halbautomatischen Vierganggetriebe (Sportomatic) lieferbar. Mit etwas längerem Radstand und breiteren Kotflügeln präsentierte Porsche den 911 im August 1968 als Serie B, außerdem gab es das S-Modell und einen neuen 911 E mit mechanischer Saugrohr-Einspritzung. Im Jahr darauf erhielt der 1991-ccm-Motor durch eine um 4 mm erweiterte Bohrung eine Hubraumvergrößerung auf 2195 ccm, ehe 1971 ein neu-

194–194 Ein von Canepa-Design modifizierter Porsche 911 Speedster mit dem Fahrwerk eines 935 (erste Rennversion des Renn-911 Turbo) und dem Doppel-Turbomotor der 911-Variante 962.

196–197 Der Speedster weist die Heckpartie eines 1994er Porsche 996 auf und gleicht im Profil dem 911 3.2 Liter Speedster im Turbo-Look von 1989. Ein mit hohem Aufwand individualisiertes Fahrzeug.

er Motor mit 2341 ccm zur Verfügung stand. Aus dem 2,4 Liter entstand 1973 der 2,7 Liter, 1975 schließlich der 3,0 Liter. Vom 2,7 Liter an hatte die Kraftstoffeinspritzung den Vergaser endgültig abgelöst. Als schnellster deutscher Serienwagen brillierte 1972 der 2,7 Liter Carrera RS; seine Spitze betrug 240 km/h. Ab August 1973 war der Carrera auch als Targa erhältlich. Ihn übertraf der im Oktober 1974 präsentierte, 260 PS starke Dreiliter mit Abgas-Turbolader.

1983 erschien der ultimative Porsche in Gestalt des 3,2 Liter Carrera 911 Sport, bretthart gefedert und 231 PS stark. In 6,1 Sekunden beschleunigte der Wagen von Null auf 100. 1987 gab es ein neues Cabriolet, während 1989 der 911 mit einer überarbeiteten Karosserie antrat; Spitzenmodelle waren der Carrera 2 und der Carrera 4, letzterer mit Allradantrieb. Insgesamt hatte sich der 911 in Richtung Komfort entwickelt, zu sehr schon fast für die Puristen unter den Porsche-Fans. Sie stellten die Philosophie des Hauses erst recht in Frage, als Porsche 1998 eine neue Sportwagengeneration präsentierte, die unter dem Code 996 ihr Debüt gab. Dieses Fahrzeug hatte Wasserkühlung! Der auf allen Märkten der Welt so erfolgreiche 911 war zu einem Statussymbol geworden. Sein ästhetisches Karosseriedesign, seine ausgereifte Technik, sein Potenzial und die Perfektion seiner Verarbeitung verhalfen ihm zur Unsterblichkeit.

Dodge Viper

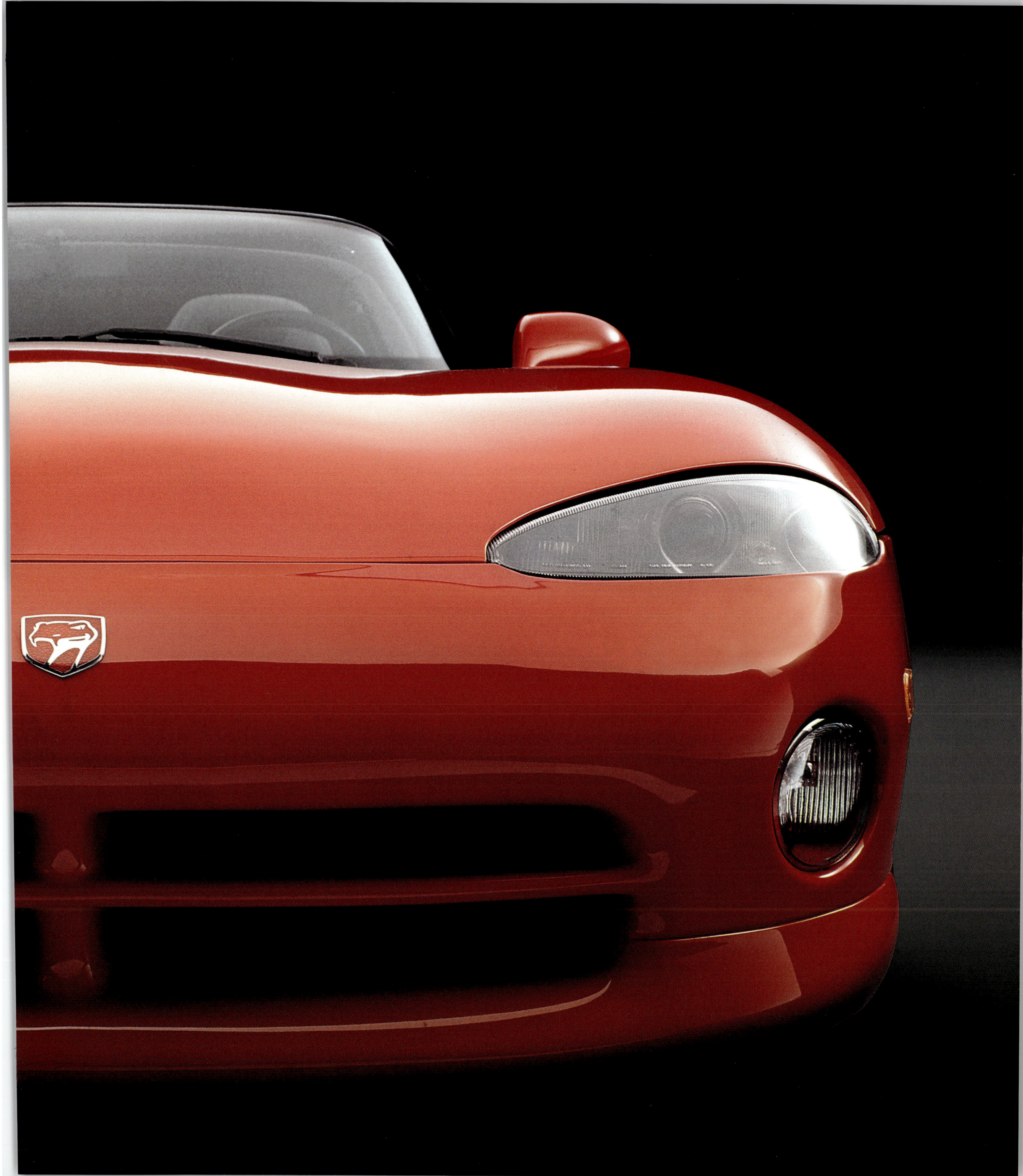

198–199 1991 traten zwei Vorserienexemplare des Dodge Viper RT/10 als Pace Cars beim 500-Meilen-Rennen von Indianapolis auf. 1996 wurde dem GTS Coupé die gleiche Ehre zuteil; anschließend waren es immer General-Motors-Modelle.

200 oben und 200–201 Der gleiche V10-Motor wie im Dodge Viper wurde im Ram Pick-up verwendet, im britischen Bristol Fighter Coupé – und in einem in neun Exemplaren gebauten, monströsen Concept-Motorrad.

Einen Hochleistungs-V10-Motor zu konstruieren ist nicht so einfach. Denn um die unvermeidbaren Schwingungen zu eliminieren, benötigt er eine gegenläufige Ausgleichswelle, und der sich daraus ergebende komplexe Gesamtaufbau lässt sich, will man ein optimales Resultat erzielen, nur mit elektronischer Rechnerhilfe realisieren. Aus diesem Grunde gibt es V10-Motoren noch nicht lange. Zwar effizienter als ein Achtzylinder, aber doch nicht an die Leistung eines V12 heranreichend: Macht das Sinn? Die Ingenieure der Chrysler Group haben auf diese Frage eine zufriedenstellende Antwort gegeben, als sie den Dodge Viper V10 präsentierten. Er sollte das Erbe des legendären, von Carroll Shelby kreierten AC Cobra der Sechzigerjahre antreten. Shelby war in der Entstehung der Viper ebenfalls involviert.

Die Arbeiten hatten 1988 begonnen, das Resultat war auf der Detroit Auto Show 1989 zu sehen. Der Prototyp der Viper wies einen 8,0-Liter-Frontmotor mit Heckantrieb auf, der auch in einem Pick-up Verwendung fand, aber von Lamborghini-Ingenieuren für den Sportwagengebrauch modifiziert und auf eine Leistung von 405 PS getrimmt war. Das taugte für eine Beschleunigung von Null auf 100 km/h in gut 4,5 Sekunden und eine Spitze von 262 km/h – Werte, mit denen umzugehen nur erfahrenen Piloten vorbehalten blieb. Der Motor war ein Zweiventiler mit zentraler Nockenwelle und Saugrohreinspritzung. Die zweite Generation der Viper gab ihr Debüt 1996 mit 420 bis 457 PS; jetzt war der Wagen auch als Coupé erhältlich. Signifikante Änderungen aber zeigte die Version von 2003, bezeichnet als SRT-10. Die Buchstaben standen für Street & Racing Technology, und sie bezeichneten zugleich eine neue Sparte innerhalb der Chrysler Group. Der 503 PS starke Motor hatte 8360 ccm Hubraum und wog dank Verwendung von mehr Leichtmetall 200 kg weniger als sein Vorgänger.

Die Karriere des bisher letzten Modells begann 2008. Jetzt hatte der V10-Einspritzmotor 8399 ccm, leistete 612 PS und wies ein Drehmoment von 758 Nm auf. In dieser Ausführung gab es die 310 km/h schnelle Viper bis Ende 2010. In einem vergleichbar sportlichen, wenn auch weniger aggressiv wirkenden Auftritt präsentierten sich die Dodge-Modelle Charger und Challenger, ersterer mit 431 PS starkem 6,1-Liter-V8-Motor und als SRT-8 bezeichnet. Er war ein viertüriger, typisch amerikanischer »Muscle Car« und an die 270 km/h schnell. Die traditionsreiche, im Jahre 1914 gegründete Marke Dodge stand längst nicht mehr nur für Allrad-Farmertrucks, sondern für höllenheiße Sportwagen.

202–203 Im Jahre 2003 trug der Dodge SRT-10 in Großbritannien nicht mehr den Namen Viper. Die Wortmarke, so hatte sich herausgestellt, war hier bereits für einen Hersteller von Jahrmarkts-Attraktionen geschützt.

Renault Sport Spider

RECARO

Ein putziges Auto war am Genfer Salon 1995 auf dem Renault-Stand zu sehen: ein kleiner, kompakter, aber elegant karossierter Sportwagen mit Zwei-Liter-Mittelmotor. Der als Sport Spider bezeichnete Prototyp ging ein Jahr später im Renault-Werk Dieppe in Serie. Dort wird seit jeher auch die Alpine gebaut. Mit seinem 147 PS leistenden 2,0-Liter-Vierzylinder aus dem Clio-Williams wog der Zweisitzer leer nur 800 kg. Er hatte eine tragende Struktur aus Leichtmetall, der Radstand betrug 2340 mm, die Gesamtlänge 3795 mm. Die Karosserie bestand aus einem Kunststoff-Komposit. Das Fahrwerk wies vorne und hinten Einzelradauhängung auf. Der Motor mit vier Ventilen pro Zylinder und zwei obenliegenden, über Zahnriemen aktivierten Nockenwellen drehte 6000 Touren, doch in der Werks-Rennversion mit 175 PS zeigte der Drehzahlmesser bis 7200 U/min an. Eine Windschutzscheibe gab es ebenso wenig wie ein Verdeck, nur einen Schutzbügel. Das Fünfgang-Handschaltgetriebe war gewöhnungsbedürftig, die Schalensitze durfte man als spartanisch bezeich-

nen, doch die Fahreigenschaften fanden von den Testern ungeteiltes Lob, sie bezeichneten den Umgang mit dem Spider regelrecht als Vergnügen. Mit etwa 215 km/h Spitze und einer Beschleunigung von 6,9 Sekunden für Null auf 100 km/h kam der Spider nicht ganz an die Werte des Lotus Elise heran, seinem unmittelbaren Konkurrenten. Mit der Wettbewerbsausführung indessen ließen sich 260 km/h erreichen. Bis Ende 1999 wurden knapp 2000 dieser Fahrzeuge gebaut. Die meisten hat man im Sport eingesetzt, so gab es in Großbritannien beispielsweise einen Marken-Cup für diese Autos. Ihr Motor wurde von geschickten Tunern auf Leistungen bis 196 PS gebracht. Durch die Verwendung im Motorsport erfuhren die Fahrzeuge auch weitere Modifikationen, so dass kaum ein Exemplar im Originalzustand zu finden sein wird. Liebhaber sehen sich schon nach Sammlerstücken um, weil sie davon ausgehen, dass der Wert in absehbarer Zeit steigen wird. In offiziellen Preislisten war der Spider nie, aber unter dem Neupreis von 20.000 Euro ist er inzwischen nicht mehr zu kaufen.

204–205 Während der Bauzeit des Sport Spider gewannen Renault-Motoren drei Mal die Formel-1-Weltmeisterschaft (Michael Schumacher 1995 mit Bennetton, Damon Hill 1996 und Jacques Villeneuve 1997 mit Williams) sowie drei Mal den Konstrukteurs-Titel.

206–207 Im Herbst 1995 kam der Renault Sport Spider in den Handel. Die Bilder zeigen die Flunder mit Straßenzulassung und kleiner Frontscheibe.

Im neuen Jahrtausend:

Neue Märkte, neue Fahrzeugkonzepte

VON DEN KRISEN DER LETZTEN DEKADEN DES 20. JAHRHUNDERTS VERMOCHTEN SICH DIE GROSSEN DER AUTOMOBILINDUSTRIE ZU ERHOLEN, WENN SIE AUCH FEDERN LASSEN MUSSTEN. DIE TRENNUNG DER DAIMLER-CHRYSLER-EHE FÜHRTE ZU MILLIARDEN-EINBUSSEN, OPEL WIE DEM MUTTERKONZERN GENERAL MOTORS DROHTE ZEITWEILIG DIE INSOLVENZ. ROVER, MG, VOLVO UND JAGUAR WURDEN ZU ASIATISCHEN FABRIKATEN, BENTLEY UND ROLLS-ROYCE ZU DEUTSCHEN. ES VERSCHWANDEN MARKEN WIE OLDSMOBILE, BRITISH DAIMLER UND SAAB. UMSO STÄRKER WURDEN BMW, DIE VOLKSWAGEN-GRUPPE UND PORSCHE, TROTZ DER MASSIVEN INVASION JAPANISCHER, KOREANISCHER UND AUCH CHINESISCHER KONKURRENTEN. DIE KONTINENTAL-ASIATISCHEN LÄNDER MIT IHREM RIESIGEN NACHHOLBEDARF STELLTEN IHRERSEITS AUSSICHTSREICHE MÄRKTE DAR, UND ETLICHE EUROPÄISCHE KONZERNE ENGAGIERTEN SICH DORT IN ERWARTUNG HOHER WACHSTUMSRATEN DURCH INVESTITIONEN BETRÄCHTLICHEN UMFANGS, ZUMAL ABSEHBAR WAR, DASS DIE »WESTLICHEN« MÄRKTE EINES TAGES WENIGER AUFNAHMEFÄHIG SEIN WÜRDEN. AUF DEN NEUEN MÄRKTEN GING ES INDES NICHT ANDERS ZU ALS AUF DENEN IM EUROPA VERGANGENER ZEITEN: ES ZEICHNETE SICH EIN GROSSER BEDARF AN AUTOS AB, DIE FÜR NORMALVERDIENER ERSCHWINGLICH UND MÖGLICHST ANSPRUCHSLOS WAREN, ZUGLEICH INTERESSIERTE SICH EINE VERMÖGENDE ELITE FÜR LUXURIÖSE SUPERSPORTWAGEN. DIE HERSTELLER SOLCHER EXTRAVAGANTEN FAHRZEUGE EXPORTIEREN INZWISCHEN IHRE PRODUKTE ÜBERWIEGEND NACH ASIEN. NOCH IMMER STEHT DAS CABRIOLET WEIT OBEN AUF DER WUNSCHLISTE EINES AUTOKÄUFERS, ZUMINDEST ALS ZWEITWAGEN. WELCH REIZVOLLE KOMBINATION AUS LIMOUSINEN-VERNUNFT UND CABRIOLET-VERGNÜGEN ABER ERGAB SICH AUS DER WIEDERENTDECKUNG DES VERSENKBAREN FESTEN DACHS IM KOFFERRAUM, JENER GENIALEN ERFINDUNG EINES PARISER ZAHNARZTES IN DEN FRÜHEN DREIẞIGER-JAHREN!

AUS DEN ERKENNTNISSEN ZUR NOTWENDIGKEIT WELTWEITER UMWELTSCHONUNG UND AUS DER EINSICHT IN DIE BEGRENZTE VERFÜGBARKEIT FOSSILER MINERALSTOFFE ERGABEN SICH NEUE HERAUSFORDERUNGEN AN DIE AUTOENTWICKLER DER GEGENWART. LEICHTBAU HEISST DIE DEVISE, UND WO LÄSST SICH DIESE FORDERUNG BESSER ERFÜLLEN ALS BEI EINEM OFFENEN SPORTZWEISITZER?.

Bugatti Veyron

Die Marke Bugatti spiegelt ein deutsch-französisch-italienisches Schicksal wider. Bevor sich der in Mailand geborene Ettore Isidore Bugatti 1905 in Ilkirch, Elsass, selbständig machte, hatte er bereits für deutsche Unternehmen gearbeitet, und da das Elsass zu Deutschland gehörte, rangierten auch seine ab 1910 in Molsheim gebauten Autos als deutsches Fabrikat. 1940 bis 1945 befand sich das Werk – jetzt allerdings kriegsbedingt – erneut in deutscher Hand. Gleichwohl betrachten die Franzosen Bugatti als »ihre« Marke. Italienisch wie ihr Gründer war sie aber zeitweilig ebenfalls, ehe sie 1998 durch Volkswagen übernommen und damit wieder deutsch wurde. Das italienische Intermezzo durch den Finanzkaufmann Romano Artioli hatte von 1991 bis 1995 gewährt; mit seinem EB110 war die seit 1956 im Koma liegende Marke wiedererstanden. 1997 kaufte Jochen Dauer, Inhaber eines Rennteams, die Konkursmasse auf und stellte bis 2008 noch einige weitere Fahrzeuge her. Inzwischen war Volkswagen nicht untätig geblieben und hatte ein neues Superlativ-Coupé entwickelt, genannt »Veyron 16.4« (Pierre Veyron war der Name eines Bugatti-Test- und Rennfahrers, der 1939 die 24 Stunden von Le Mans gewonnen hatte).

Das 415 km/h schnelle Auto hat einen V16-Motor von 7993 ccm im Heck, 1001 PS stark, der mit einem Siebenganggetriebe über eine Doppelkupplung ver-

210–211 und 212–213 Zehn Radiatoren sind notwendig, um mit der immens hohen Temperatur fertig zu werden, die der V16-Turbomotor mit seinem komplexen Haldex-Antriebssystem und der Siebenstufen-DSG-Automatik erzeugt.

bunden ist. Dass der Motor mit vier Turboladern bis zu 100 Liter Benzin auf 100 km verbraucht, nimmt nicht wunder. Auch die Zeit von nur 2,5 Sekunden nicht, in welcher das Fahrzug vom Stillstand auf 100 km/h beschleunigt. Die Bremsverzögerung vollzieht sich sogar noch rasanter. Nicht auf Anhieb war der Veyron ein Traumwagen, vielmehr bedurfte es langer Entwicklungsarbeit. Werkstester Loris Bicochi absolvierte mit den allradgetriebenen Prototypen Tausende von Kilometern, bis 2005 die ersten Exemplare an Privatkunden abgegeben werden konnten. In der Serienausführung trägt ein hydraulisch ausfahrbarer Heckflügel dazu bei, den Wagen bei hohen Geschwindigkeiten zu stabilisieren. Das Problem eines dadurch erhöhten Luftwiderstandes lässt sich mit einem »Speed-Key« lösen: In normaler Einstellung erreicht der Wagen 375 km/h, mit dem Speed-Key wird der Wagen vorne auf 65 mm und hinten 70 mm Bodenfreiheit abgesenkt, womit sich eine Keilform ergibt. Auch schließen sich die vorderen Diffusorklappen, um die Aerodynamik noch zu verbessern. Vom Veyron wurden einige Sondermodelle aufgelegt, die sich vom Grundmodell durch besondere Außen- und Innengestaltung abheben. So gab es einen Pur Sang, einen Grand Sport, eine Edition Centenaire, einen Faubourg de Hermès. Die Preise begannen bei 1,5 Millionen Euro.

Mercedes SLR
McLaren Roadster

BENZ

Die Schaffung eines Supersportwagens für die Straße, aber mit allen Attributen eines Rennwagens ohne Verzicht auf Komfort nach bester Gran-Turismo-Tradition – das war nicht nur ein Wunsch des Daimler-Chefs Dr. Dieter Zetsche, sondern auch seiner Marketingstrategen. Nach dem Vorbild des Mercedes-Benz 300 SL mit Flügeltüren und dessen Wettbewerbsversion SLR von 1955 entstand ein Zweisitzer, der Ende 2003 sein Debüt gab und in der ganzen Welt für Schlagzeilen sorgte. Nicht nur die Silhouette und charakteristischen »gull wings« (Mövenflügel), sondern auch die Entlüftungsschlitze an den Seiten und auf der Motorhaube entsprechen beim SLR dem historischen Vorbild. Die Karosserie besteht aus einem durch Kohlefasern verstärkten Kunststoff und weist Armierungen wie bei einem Formel-1-Wagen auf. Die leichte, extrem feste Außenhülle umschließt einen Käfig, dessen Mittelteil das zweisitzige Cockpit bildet. Das einzige Teil der Karosserie, das nicht aus Karbon-Kunststoff besteht, ist der Aluminium-Motorträger. Ein elektronisch verstellbarer Heckspoiler kann bei hohen Geschwindigkeiten zusätzlichen Anpressdruck auf die Hinterachse erzeugen und auch als Luftbremse wirken.

Der SLR hat einen 5,4-Liter-V8-Motor mit Kompressor und leistet 626 PS. Zur optimalen Gewichtsverteilung ist er hinter der Vorderachse eingebaut. Mit seiner Fünfgang-Automatik lässt sich das Fahrzeug in nur 3,8 Sekunden von Null auf 100 km/h

beschleunigen, die Höchstgeschwindigkeit beträgt 334 km/h.

Weil schon bei Erscheinen des SLR der Wunsch nach einer offenen Version zu vernehmen war, entstand im Frühsommer 2006 ein Roadster als Sondermodell mit 650 PS. Außer einer Modifikation des Motors weist der SLR »722 Edition« eine geänderte Frontschürze sowie ein niedrigeres Fahrwerk mit anderen Felgen und einem Diffusor zu mehr Abtrieb unterhalb des Hecks auf. Radspoiler reduzieren außerdem die Luftverwirbelungen an der Hinterachse.

Der auf 150 Stück limitierte Roadster wurde insbesondere am Fahrwerk überarbeitet. Es ist mit 19-Zoll-Aluminiumfelgen ausgestattet, außerdem liegt die »722 Edition« zehn Millimeter tiefer auf der Straße. Das bedingte ein noch strafferes Fahrwerk mit verringerten Dämpfungs- und Federwegen, was höhere Kurvengeschwindigkeiten erlaubt. Wegen der neuen Bremskonfiguration wurde auch eine für dieses Auto eigens entwickelte ESP-Regelung eingebaut. Last but not least gibt es eine Variante des offenen SLR, die im Jahre 2009 als SLR »Stirling Moss« vorgestellt wurde. Dieses Modell verfügt weder über ein Dach (es hat nicht einmal ein Notverdeck) noch über eine Windschutzscheibe. Lediglich eine Abdeckung für die Beifahrerseite wurde geliefert. In dieser Ausführung kommt der offene SLR dem legendären SLR von der Mille Miglia 1955 (Moss/Jenkinson) am nächsten. 75 Exemplare wurden produziert.

214–215 Nach einem enttäuschenden Absatz des SLR McLaren – knapp über 1500 Wagen in sechs Jahren gegenüber einer doppelt so hohen Prognose – beschlossen Mercedes und McLaren, ihre Supersportwagen künftig separat zu vermarkten. Bei Mercedes entstand der SLS, bei McLaren der MP4-12C.

216–217 Auf der Detroit Auto Show 1999 konnte man zum ersten Mal jenen Wagen sehen, der aus dem SLR Vision Prototyp entstanden war. Sein Design orientierte sich an den Rennsportwagen der Fünfzigerjahre mit Elementen eines modernen Grand-Prix-Monoposto.

Alfa Romeo 8C Spider

Der aus Bayern stammende Designer Wolfgang Egger schrieb nicht erst Automobilgeschichte, als er 2007 eine führende Position bei Audi einnahm. Er hatte zuvor als Leiter des Centro Stile bei Alfa Romeo in Arese gearbeitet und unter anderem jenen aufregenden 8C Competizione geschaffen, der in nur 1000 Exemplaren aufgelegt werden und das Erbe des berühmen Rennsportwagens Tipo 33 fortführen sollte. Wie sein Boss Walter de Silva war Egger zum VW-Konzern gewechselt, wo beide bessere Chancen für ihre Karriere als in Italien sahen.

Die Story des von Wolfgang Egger so genial gezeichneten 8C begann 2003 auf der Internationalen Automobilausstellung in Frankfurt am Main, wo das Auto als Concept Car zu sehen war. Doch wer das Coupé zu kaufen beabsichtigte, hatte sich bis 2007 zu gedulden. Es basierte übrigens auf dem Chassis und Fahrwerk des Maserati Grand Tourer.

Der Motor des 8C Competizione war ein 4,6-Liter-V8, der bei 7000 U/min 450 PS abzugeben imstande war und bei 5000 Touren ein Drehmoment von 480 Nm aufwies. Die Kraftverteilung erfolgte über ein Transaxle-Getriebe mit schlupfbegrenztem Differenzial namens Q-Select; es hatte sechs Vorwärtsgänge, die elektrohydraulisch geschaltet wurden. Vorne hatte der Wagen Einzelradaufhängung an doppelten Dreieckslenkern, und das Gesamtgewicht des Wagens von 1600 kg verteilte sich idealerweise je zur Hälfte auf Vorder- und Hinterachse. In gleicher technischer Konfiguration erschien ein Jahr später als Zwilling zum Coupé der Spider. Die Frontpartie beider Wagen erinnerte an den Giulietta Spider der Sechzigerjahre.

Mit Textilverdeck anstelle eines Stahldachs brachte der offene Wagen 1700 kg auf die Waage. Das Mehrgewicht bewältigte der Motor jedoch spielend. Zumal es einen geheimnisvollen Schalter auf dem Mitteltunnel gab, den man auf »Sport« stellen konnte. In diesem Modus wurden die Auslasszeiten etwas zurückgenommen, was dem Bariton des V8-Motors hörbar zugute kam. Das Interieur des Wagens wies allerdings nicht den gleichen Charme wie das Äußere des Zweisitzers auf. Einige Details stammten aus dem Ferrari-Regal, was aber nicht auf den ersten Blick auffiel. Der Kunde hatte die Wahl zwischen drei Lederqualitäten und zwei Armaturenbrettausführungen: Aluminium im Rotationsschliff oder Karbon. Der Katalogpreis des 213.000 Euro teuren Spiders ließ sich um zwanzig Prozent erhöhen, falls man auf die vielen Extras optierte, die Alfa Romeo anbot. Oft machte die Kundschaft von der Offerte Gebrauch, sich im Versuchszentrum Balocco von einem professionellen Testfahrer Einzelunterricht im Umgang mit ihrem neu erworbenen Schmuckstück erteilen zu lassen.

218–219 Die Frontpartie des 8C Spider spiegelt die sportliche Ästhetik des gesamten Alfa-Romeo-Universums wider. Aus Gründen einer optimalen Gewichtsverteilung hat man den V8-Motor weit zurückgesetzt eingebaut.

220–221 und 221 oben Im Interieur des Wagens ging es zwar exklusiv zu, doch die Armaturentafel glich weitgehend der bei anderen Alfas. Der Sound aus den vier Auspuffrohren war als Ohrenschmaus zu bezeichnen, vor allem wenn man im Sport-Modus fuhr…

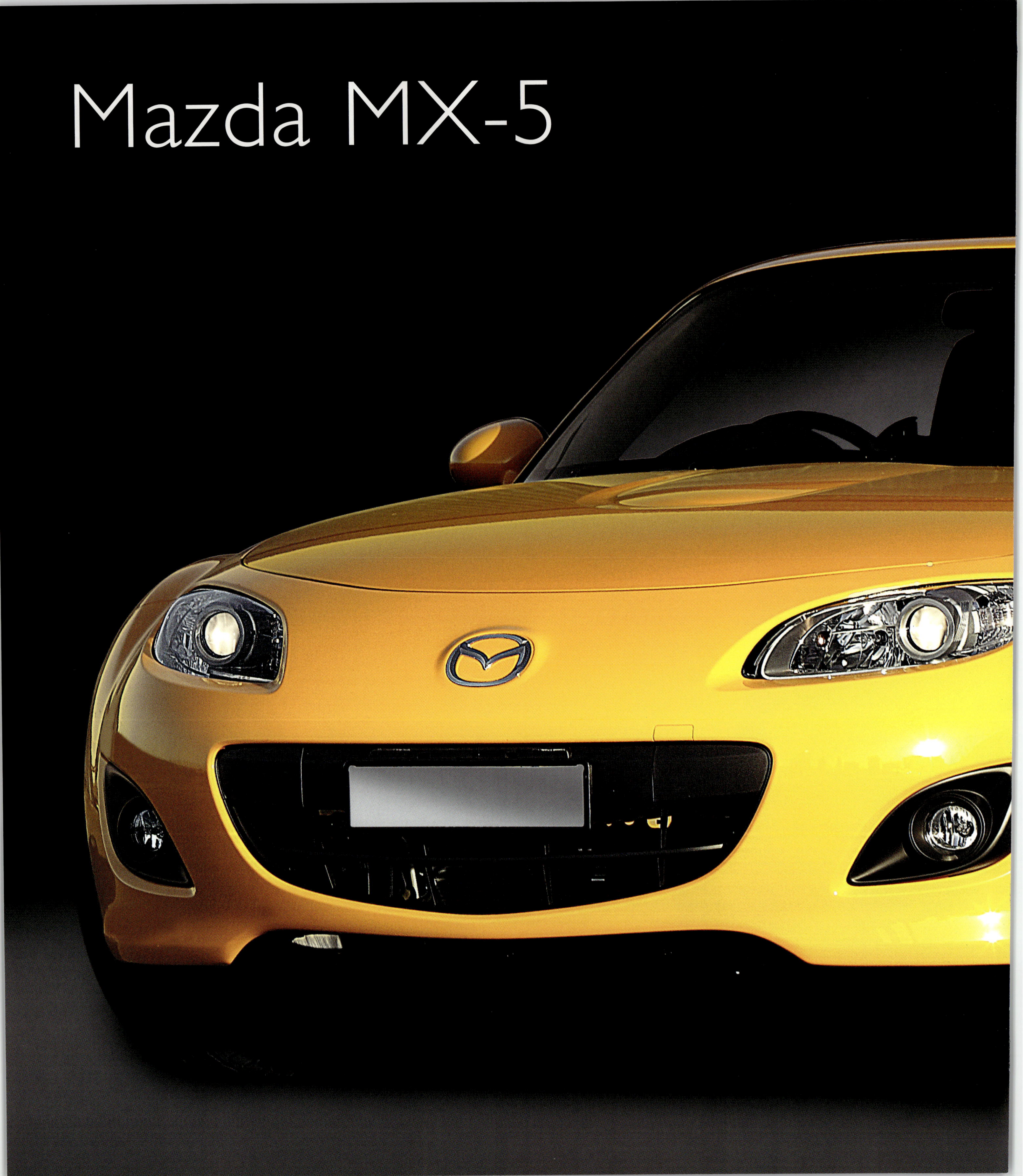
Mazda MX-5

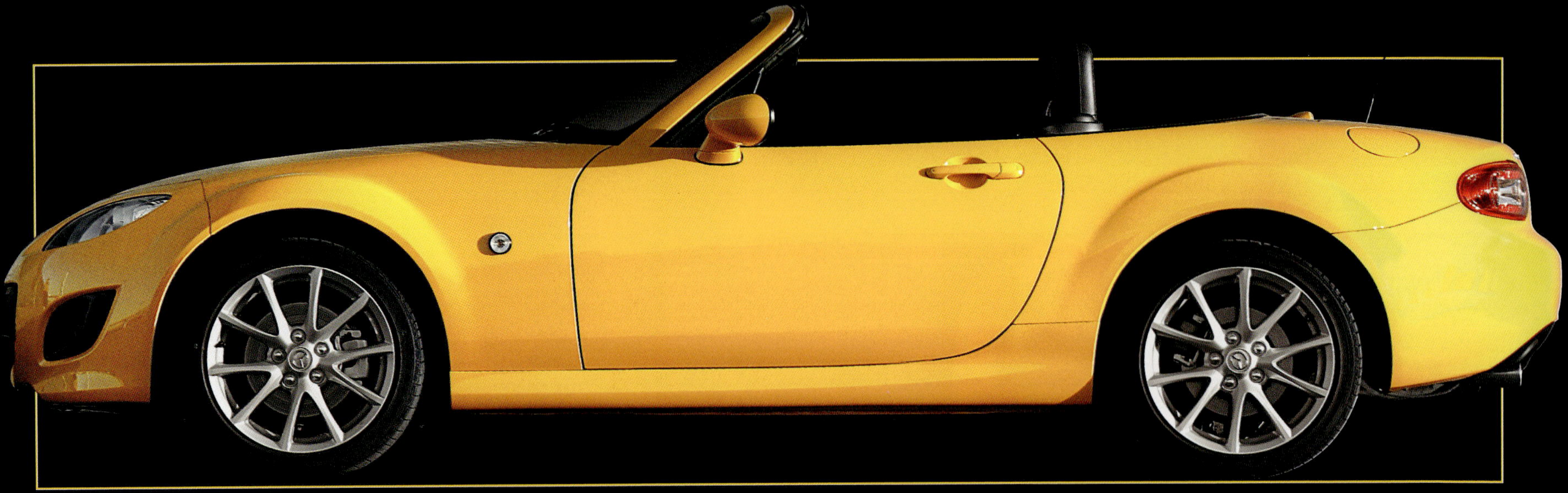

222–223 Die Frontpartie des NCFL in der jüngsten Version entsprach typischem Mazda-Design. Angeboten wurden ein 1798- und ein 1999-ccm-Motor. Ab September 2006 gab es auch eine Ausführung des Roadsters mit elektrisch betätigtem Metalldach.

224 oben und 224–225 Das Öffnen des Roadsterverdecks ging kinderleicht – man löste nur einen Griff, und schon genoss man das Vergnügen des Offenfahrens, und das sogar ohne lästige Zugluft im Cockpit.

1979 hatte sich der amerikanische Journalist Bob Hall bei Kenichi Yamamoto für ein Interview angemeldet. Der Japaner war Chef der Mazda-Entwicklungsabteilung. Er beantwortete nicht nur die Fragen seines Besuchers, sondern stellte selber welche. Zum Beispiel die, was für ein Auto nach Meinung des Amerikaners dem Mazda-Programm wohl noch hinzugefügt werden sollte. Da musste der Sportwagen-Liebhaber nicht langer nachdenken. Seiner Einschätzung nach würde Mazda mit einem leichten, wendigen und preiswerten Zweisitzer gerade bei jungen Leuten auf großes Interesse stoßen.

Diese Anregung fiel auf fruchtbaren Boden, wenn sie auch fast zehn Jahre brauchte, bis sie sichtbare Formen angenommen hatte. Es erschien 1989 auf der Chicago Auto Show der Mazda MX-5 und avancierte binnen kurzem zu einem Kultauto. Sportwagen-Liebhaber in aller Welt entwickelten eine wahre Leidenschaft für den kleinen, praktischen, wirtschaftlichen und gut verarbeiteten Sportzweisitzer, der nicht ohne Grund auch das Lieblingsauto unzähliger Motorjournalisten wie Bob Hall wurde. Sportwagen ähnlicher Konzeption hatte es – vor allem aus England – schon in den 1960er-Jahren gegeben, nur hatte es ihnen zweier wesentlicher Eigenschaften ermangelt: technische Zuverlässigkeit und qualitätvolle Verarbeitung. Und genau dies waren zwei Stärken des Mazda MX-5, der in Japan als Eunos und in den USA als Miata vermarktet wurde.

Auch der Fahrkomfort hatte ein neues Niveau erreicht. Schütteln und Scheppern auf schlechten Straßen, das man etwa bei einem Austin-Healey Sprite noch in Kauf nehmen musste, gab es beim MX-5 nicht. Er hatte einen vernünftigen Kofferraum, und zum Serienumfang zählte sogar eine Klimaanlage. Auch war ergänzend zum Textilverdeck ein Hardtop erhältlich. Ansprechend war vor allem die Form des Wagens mit seinen fröhlich dreinblickenden Klappscheinwerfern und einem gekonnten Heckstyling. Das Chassis wurde von Mazda als »Power Plant Cage« bezeichnet; es handelte sich um eine Aluminiumkonstruktion, die im Heck Getriebe und Differenzial nach Transaxle-Manier kombinierte. Mit 990 kg Leergewicht kam der 115 PS starke 1,7-Liter-Vierzylindermotor bestens zurecht; 1994 erhöhte man den Hubraum des Vierventilers auf 1839 ccm, gut für 131 PS. Im Unterschied zum RX-7 hatte der MX-5 ab 1998 keine Schlafaugen-Scheinwerfer mehr, eine etwas steifere Karosseriestruktur und eine modifizierte Heckpartie. Die Leistung des Vierzylinder-ohc-Motors ließ – zumindest in der 140 PS starken 1,9-Liter-Version – keine Wünsche offen, die Straßenlage war dank Einzelradaufhängung nach wie vor ausgezeichnet. Bei Mazda in Hiroshima hatte man Mühe, mit der Fertigung des jetzt NB genannten Zweisitzers Schritt zu halten, denn die Nachfrage hielt unvermindert an. 2005 ging die dritte Baureihe, NC genannt, in Serie, gefolgt vom etwas modifizierten NCFL im Jahre 2009. Nach zwanzig Jahren war die Produktions-Million in greifbare Nähe gerückt…

Rolls-Royce Phantom Drophead Coupé

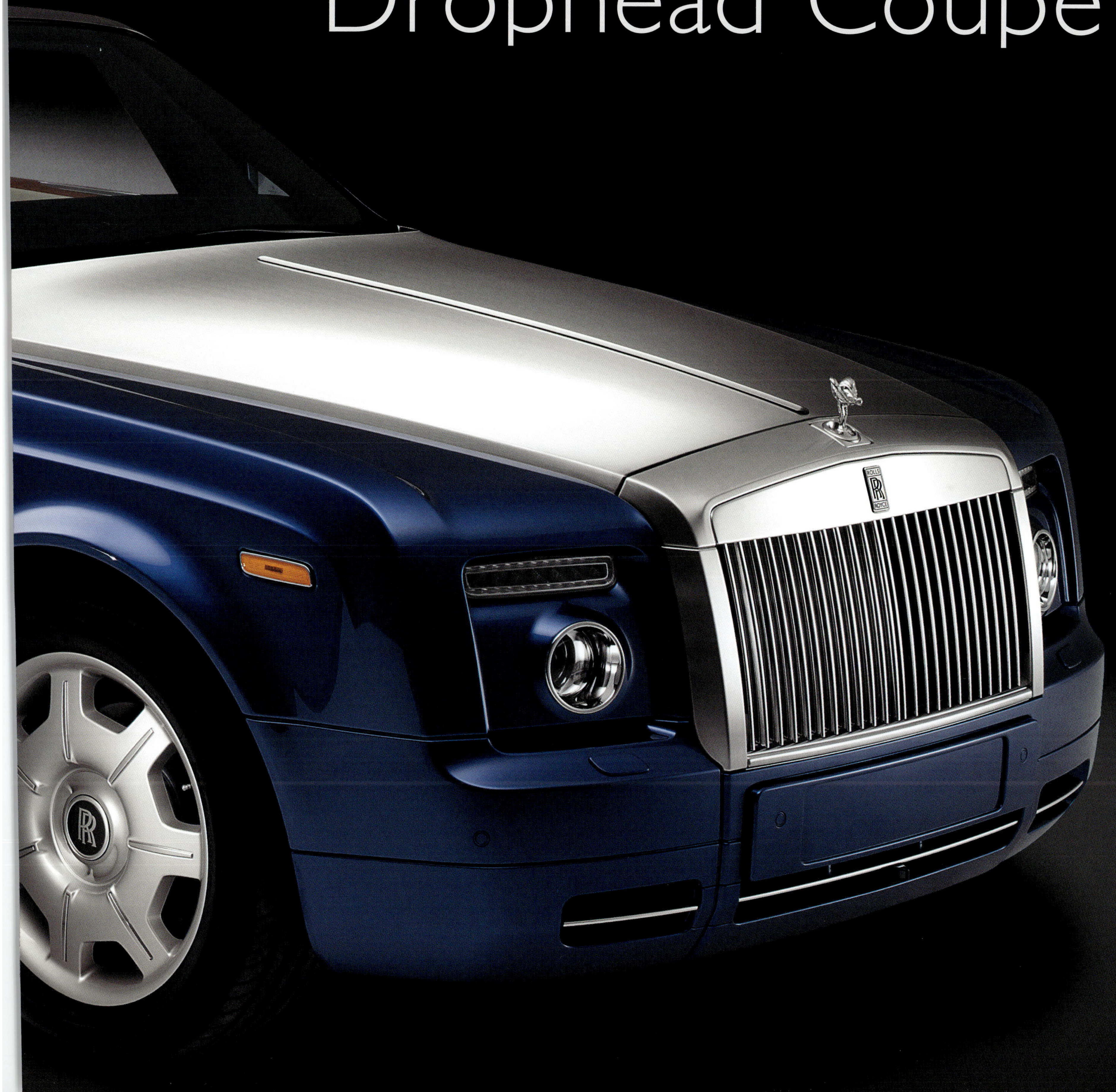

Kurz nachdem die Bayerischen Motoren Werke im Sommer 1998 die britische Traditionsmarke Rolls-Royce übernommen hatten, begannen in Südengland die Arbeiten für ein neues Werk und die Entwicklung eines neuen Modells. In der ersten, gänzlich in BMW-Regie entstandenen und Ende 2002 in Paris präsentierten neuen Rolls-Royce-Limousine namens Phantom gab zugleich ein neuer 6,8-Liter-V12-Motor mit Sechsstufen-Automatik sein Debüt – ein Motor, »der in keinem BMW zu finden sein wird«, wie es hieß. Ein Cabriolet war bereits geplant.

Die Premiere des Drophead Coupés, wie das Cabriolet offiziell heißt, fand im Januar 2007 auf der North American International Auto Show statt. Die Produktion startete im Sommer. Das faszinierende, von Journalisten als neues Flaggschiff der Marke bezeichnete Fahrzeug hatte in der Tat maritimes Flair: die von David Cameron gezeichnete Karosserie lehnte sich an den feudalen Yachtbaustil der Dreißigerjahre mit viel Edelholz und klassischen Beschlä-

226–227 Gegen einen entsprechend hohen Aufpreis erhält der Käufer dieses Wagens eine Armaturentafel aus Aluminium mit Rotationsschliff oder auch seine in die Kopfstützen eingestickten Initialen.

228–229 Mit zurückgeschlagenem Verdeck kommt das Styling des offenen Phantom besonders gut zur Geltung. Die Mahagoni-Beplankung auf dem Heck gleicht der klassischer Segelyachten.

gen an. Dennoch war die Erscheinung des Phantom Drophead Coupés nicht besonders auffällig, sieht man einmal von der schieren Größe des Wagens mit 5609 mm Länge und 2620 kg Gewicht ab. Geradezu furchterregend aber war das gewaltige Leistungspotenzial des Wagens mit seinem Parthenon-Kühlergrill. Das Drehmoment von 720 Nm bei nur 3500 U/min des V12-Motors sorgte für raketenartigen Vortrieb. Ambitionierte Autofahrer haben natürlich ihre Freude an so viel Power, wahre Genießer aber überlassen den Job am Lenkrad einem Chauffeur und erfreuen sich im Fond eines unvergleichlichen Fahrvergnügens. Angeboten wird der 475.000 Euro teure Rolls-Royce mit zwölf verschiedenen Ledersorten, einer Auswahl von 16 Lackierungen, sechs unterschiedlichen Holztäfelungen, fünf Felgendesigns. Somit ist gewährleistet, dass kaum ein Fahrzeug dem anderen gleicht. Und weil die berühmte Kühlerfigur, der Spirit of Ecstasy, so gern geklaut wird, lässt sie sich auf Knopfdruck versenken.

Lamborghini Murciélago

Die Schicksalswege der Firma Lamborghini, 1946 gegründet und ab 1964 auch als Automobilhersteller bekannt, verliefen nicht immer geradlinig. Unter Giotto Bizzarrinis Regie entstand in Sant'Agata zunächst der Lamborghini 350 GT, ein 243 km/h schnelles Coupé mit V12-Motor und einer Karosserie aus Leichtmetall. Dieses und alle nachfolgenden Modelle, vom Urraco über Jamara und Miura und Countach bis zum Diablo erlangten Weltruhm – gleichwohl lavierte das Unternehmen über Jahrzehnte hart am Rande seines Absturzes. Investoren aus den USA, aus Malaysia und Indonesien kamen und gingen, bis es 1998 zur Übernahme durch die Volkswagen-Tochter Audi kam. Neuer Chef in Sant'Agata wurde damit der Audi-Vorstandsvorsitzende Dr. Franz-Josef Paefgen. Er ernannte den bisherigen Ferrari-Manager Giuseppe Greco zum Geschäftsführer, und unter dessen Leitung entstand der Nachfolger des Diablo: der Murciélago. Sein V12-Motor hatte 6192 ccm Hubraum und leistete 580 PS; die Markteinführung erfolgte 2001. Gemeinsam mit den neuen VW-Tochterfirmen Bentley und Bugatti befand sich die Marke Lamborghini unter dem Audi-Dach nun wieder im Topsegment renommierter Weltmarken und konnte ihren durch den häufigen Besitzerwechsel in Mitleidenschaft gezogenen Ruf wieder festigen. Für das ungewöhnliche Design des Murciélago zeichnete der

230–231 Die großen Luftaustrittsöffnungen dienen der Wärmeabfuhr vom gewaltigen V12-Motor mit seiner elektronisch geregelten Allrad-Kraftübertragung. Mit 640 PS beschleunigt der Zweisitzer von Null auf 100 km/h in 3,8 Sekunden.

232–233 Wahlweise bekommt man den Murciélago als Coupé oder als Roadster. Trotz aller Anstrengungen, jedes überflüssige Kilogramm einzusparen, geriet der Roadster nicht zu einem Leichtgewicht: Er bringt 1775 kg auf die Waage, 25 kg mehr als das Coupé.

aus Belgien stammende Luc Donckerwolke verantwortlich.
Auf der Suche nach einem klangvollen Namen für den Wagen, der sich wie seine Vorgänger auf die spanische Stierkampfgeschichte beziehen sollte, war man auf den eines Stiers gekommen, der seine Tapferkeit bei einer Corrida 1879 in Cordoba unter Beweis gestellt hatte. Nicht weniger als 24 Lanzenstiche durch den Matador Rafael Molina Sanchez hatte der Bulle ausgehalten, und so durfte er am Leben bleiben. Das unbezwingbare Tier verbrachte den Rest seines Daseins in einer Herde, die Don Antonio Miura gehörte – auch sein Name klingt vielen Lamborghini-Enthusiasten wie Musik in den Ohren.
Konstruktiv entspricht der Murciélago mit Mittelmotor und permanentem Vierradantrieb dem Diablo. Als Roadster verfügt der Wagen über ein Textilverdeck; in dieser Ausführung wurde er ab 2005 angeboten. 2006 vergrößerte man den Hubraum des Saugmotors im schnellsten Roadster der Welt auf 6496 ccm und die Leistung auf 670 PS. Die Höchstgeschwindigkeit von 320 km/h wird übrigens nur mit geöffnetem Verdeck erreicht; wenn es geschlossen ist, wird das Tempo auf 160 km/h abgeriegelt. Merkmal des Roadsters: seine Karosserie ist sieben Zentimeter niedriger als die des Coupés. Im Laufe der Jahre gab es zahlreiche Sonderausführungen. Seit seinem Debüt auf der IAA 2001 in Frankfurt wurden bis Jahresende 2011 rund 4500 Exemplare produziert. Der Murciélago übertrifft somit die Verkaufszahlen des Diablo bei weitem.

Aston Martin DBS Volante

Der 2007 vorgestellte Aston Martin DBS Volante war nicht das erste Modell dieser Marke, das diesen Beinamen bekam. Mit Volante bezeichnet der britische Hersteller seit dem DB5 die offenen Versionen. Der DBS von 2007 begann sein Dasein als Coupé, und mit dem Buchstaben S pflegt Aston Martin immer jene Modelle zu kennzeichnen, die ein wenig schneller sind. Der V12-Motor im neuen DBS war der seines ebenfalls in Gaydon gebauten Vorgängers DB9, nur eben etwas kräftiger. Der DB9 wurde in zwei Versionen angeboten, als 2+2-sitziges Coupé sowie als Cabriolet Volante. Der annähernd iden - tische 5935-ccm-Motor dieser Wagen gibt im DBS jedoch 20 PS mehr und damit 476 PS ab; er produziert ein Drehmoment von 600 Nm bei 5000 Touren. Das reicht für 305 km/h Spitze, wobei der 80-Liter-Tank sich rasch entleert, wenn man dermaßen rasant unterwegs ist. Entscheidend für solches Tempo ist die Wahl adäquater Hochgeschwindigkeitsreifen, für die vor ein paar Jahren noch ein Aufpreis berechnet wurde.

Das Design des DBS stammt von dem schottischen Jaguar-Stylisten Ian Callum und dessen aus Dänemark stammendem Kollegen Henrik Fisker. Vorne hat der DBS doppelte Dreiecks-Querlenker und einstellbare Stoßdämpfer. Am ganzen Fahrzeug wurde viel Aluminium, Magnesium und Karbon verarbeitet, um das Wagengewicht niedrig zu halten. Das Getriebe sitzt nach Transaxle-Bauart mit dem Differenzial verblockt an der Hinterachse. Die Kardanwelle besteht aus Karbonfiber und verläuft in einem Aluminiumtunnel.

Als Volante fährt sich der stark motorisierte DBS natürlich besonders reizvoll, wenn einem der Fahrtwind durchs Haar streicht. Der Wagen sieht offen auch am besten aus. Soll er geschlossen werden, genügt ein Knopfdruck: Das Verdeck wird elektrohydraulisch betätigt, wie es sich für einen Luxussportwagen von heute geziemt. Der Vorgang nimmt 14 Sekunden in Anspruch und vollzieht sich so gut wie geräuschlos. Zwar benötigt das Verdeck im Kofferraum einigen Platz. aber für zwei Golftaschen reicht der noch allemal. Andere Arten von Gepäck sind für Besitzer eines solchen Autos weniger wichtig.

234–235 Während Frontpartie und Form des Kühlergrills sich beim Aston Martin über viele Jahrzehnte kaum verändert haben, fallen beim Volante V12 die pausbäckigen Kotflügel und die großen Lufthutzen in der Bugschürze auf.

236–237 Der Wagen ist mit einem automatischen System ausgestattet, das ein Anlassen des Motors ohne Schlüssel, sondern durch ein Schmuckstück ermöglicht. Die »Emotion Control Unit« (ECU) bietet Aston Martin optional für 22.000 Euro in einer Jaeger LeCoultre-Uhr an.

DBS

Bentley Continental SS Convertible

Beim Continental Supersport GTC handelt es sich um das stärkste und schnellste Cabriolet, das je unter der Marke Bentley erschienen ist. Es folgte dem Continental Coupé und wird von einem 5998 ccm großen W12-Motor angetrieben. Zwei Turbolader verhelfen dem Vierventil-4ohc-Motor zu einer Leistung von 630 PS und einem Drehmoment von 650 Nm schon bei 1600 Touren. Allradantrieb, Sechs-Stufen-Automatik, ein elektronisch gesteuertes Dämpfersystem mit ESP sowie Luftfederung gehören bei dem im März 2009 präsentierten Supersports Convertible zum Serienumfang. Wenn das elektrisch aktivierte Verdeck verschwindet, kann es den Fahrzeuginsassen egal sein, ob draußen winterliche oder tropische Temperaturen herrschen: Die Klimaautomatik und der optimal über den Fahrgastraum geführte Fahrtluftstrom gewährleisten Behaglichkeit unter allen Umständen.
Gegenüber dem Coupé ist das Convertible sogar ein Viersitzer. Ein bildschöner obendrein, mit dem das Bummeln durch die Landschaft ebenso viel

Freude bereitet wie rasante Fahrt auf Schnellstraßen. Die beiden Turbolader verleihen dem Wagen beim Tritt aufs Gas eine ungeheure Beschleunigung; erstaunlich bei 2375 kg Eigengewicht, die weitere 525 kg Zuladung verkraften. Der Wagen mit seiner Gesamtlänge von 4805 mm beschleunigt von Null auf 100 km/h in nur 4,1 Sekunden und geht an die 315 km/h. Für angemessene Verzögerung sorgen Keramik-Karbon-Scheibenbremsen mit je acht Kolben pro Rad. Bentley bietet im Rahmen seines Mulliner-Programms eine unendliche Fülle von Individualisierungen an, so dass es so etwas wie einen Komplettpreis für das Cabriolet gar nicht geben kann. Für die Lackierung stehen 25 verschiedene Farbtöne zur Wahl, und eine Lackierung nach Kundenwunsch ist ebenfalls möglich. Die Sporträder sind mit Reifen versehen, die exklusiv für diese Felge entwickelt wurden. Im Auftrag Bentleys von Yokohama produziert, bietet der 275/40 R20 deutliche Vorteile für Fahrer, die ein noch sportlicheres Handling sowie ein direkteres Reaktionsverhalten wünschen.

238–239 Was selten gelingt, haben die Designer des Bentley geschafft: Dem Cabriolet ein attraktives Profil zu geben, auch wenn das Verdeck geschlossen ist. Der Wagen wiegt 90 kg weniger als der GTC Speed, von dem er abstammt.

240–241 Im Interieur des Bentley Continental finden nur teuerste Materialien Anwendung. Hinter den gigantischen Felgen aus poliertem Aluminium von 20 Zoll Durchmesser verbergen sich Bremsen mit Scheiben aus Keramik-Verbund.

Mercedes-Benz SLS Roadster

242–243 Mit rund 200.000 Euro ist der Mercedes-Benz SLS vergleichsweise preisgünstig, denn einige Jahre zuvor musste man für den SLR Roadster noch 500.000 Euro zahlen.

244–245 Den von AMG entwickelten 6,2-Liter-V8-Motor findet man auch in anderen Mercedes-Modellen, etwa im SL 2+2.

245 oben Die als »Alubeam« bezeichnete Sonderlackierung wurde in den Labors der BASF entwickelt und lässt das Fahrzeug in einem Glanz erstrahlen, der an flüssiges Metall erinnert. Mit 12.000 Euro gehört diese Option zu den etwas teureren Extras.

Auf der IAA 2009 in Frankfurt war bei Daimler ein Wagen zu sehen, der als legitimer Nachfolger des 300SL »Gull wing« bezeichnet werden durfte. Wie jener hatte er nach oben öffnende Flügeltüren, jedoch dergestalt weiterentwickelt, dass man sie auch nach einem eventuellen Überschlag öffnen und den Insassen ein sicheres Verlassen des Fahrzeugs gewährleisten konnte. 2010 begann die Serienfertigung des Coupés, ein Jahr später wurde auch eine Roadsterversion angeboten. Diese wies indessen konventionelle Türen auf sowie ein manuell zu betätigendes Textilverdeck, das in Rot, Schwarz oder Beige erhältlich war; man konnte es in nur elf Sekunden öffnen oder schließen – wozu ein Anhalten nicht nötig war, zumindest bei einem Tempo bis zu 50 km/h. Die Heckscheibe war beheizt und bestand aus getöntem Sicherheitsglas. Aluminium und Magnesium waren die Materialien, die für die Karosserie Verwendung fanden, mit Ausnahme des stählernen Scheibenrahmens. Die Proportionen des SLS Roadsters waren mit denen des Coupés identisch: lange Motorhaube, zurückgesetzte Kabine, kurzes Heck.

Der vierventilige, bei AMG gebaute V8-Motor mit seinen vier obenliegenden Nockenwellen hatte 6208 ccm Hubraum, leistete 571 PS und hatte ein Drehmoment von 650 Nm bei 4750 U/min. Weitere Besonderheiten waren Trockensumpfschmierung, Saugrohreinspritzung sowie ein Siebengang-Doppelkupplungsgetriebe, eine entschieden bessere Lösung als die Fünfstufen-Automatik bei den Vorgängern. In nur 3,8 Sekunden ließ sich der Zweisitzer von null auf 100 km/h beschleunigen, die vom Werk angegebene Höchstgeschwindigkeit betrug elektronisch begrenzte 317 km/h. Damit Offenfahrer bei hohem Reisetempo nicht unter kalter Zugluft litten, konnten sie sich einen angenehm warmen Luftstrom in den Nacken blasen lassen. Die Zahl weiterer Optionen war immens und reichte von karbon-keramischen Bremsen mit goldfarbenen Zangen über spezielle Lenkräder bis zu geschmiedeten, schwarz hochglanzlackierten Zehn-Speichen-Sonderfelgen. Ein SLS – allerdings in Coupé-Ausführung – diente in der Saison 2011 bei Formel-1-Rennen als Safety Car. Der SLS setzte damit die Tradition von Safety-Cars aus dem Hause AMG Mercedes fort. Die silbernen Boliden waren bereits seit 1996 auf den Formel-1-Rennstrecken rund um den Erdball im Einsatz. So schnell wie 2010 war Safety-Car-Pilot Bernd Mayländer allerdings noch nie unterwegs gewesen.

Chevrolet Corvette Grand Sport

GRAND SPORT

Die Arbeiten am Projekt C6 nahmen zu Jahresbeginn 2000 ihren Anfang. Die Chevrolet-Entwickler ließen den Nachfolger zur Corvette C5 entstehen, die seit 1997 auf dem Markt war. In den Vereinigten Staaten erfreute sich das Modell C6 guter Verkaufserfolge, doch in Europa fand dieses Auto trotz bester Fahrleistungen und eines vergleichsweise günstigen Preises nur wenig Liebhaber. Das hatte mehrere Gründe und lag nicht etwa nur an den seinerzeit unzulänglichen GM-Vertriebsstrukturen. So waren die Abmessungen des C6 einfach zu »amerikanisch«, das Hubvolumen mit 6,0 Litern für europäische Standards zu groß, der Verbrauch von mehr als 14 Litern auf 100 Kilometer zu hoch, das Finish in vielen Details zu nachlässig. Einen besseren Auftritt auf den Importmärkten im Visier, entwickelten die Amerikaner daher einen etwas kompakteren Wagen mit attraktiverem Design, das allerdings keine Schlafaugen mehr hatte, auf die man bei General Motors 41 Jahre lang so stolz gewesen war. Um ein günstigeres Leistungsgewicht zu erzielen, war das Auto leichter geworden, dank Verwendung von mehr Leichtmetall, Magnesium und Carbon. Als »Alu Frame« bezeichnete man das Chassis des Z06 genannten neuen Wagens, dessen V8-

246–247 Mit einem Chevrolet Corvette Convertible Grand Sport lassen sich 300 km/h erreichen, und in 4,3 Sekunden ist man von Null auf 100 km/h. Das Fahrzeug wird wahlweise mit einem Sechsgang-Schaltgetriebe oder einer Automatik geliefert.

248–249 Bei der Montage des in Bowling Green, Kentucky, gebauten Motors können Kunden zuschauen. Ihr Traumwagen wird derweil, wenn sie es wünschen, mit einem Dach aus Karbonfasern, verchromten Radnaben und Aktivfederung versehen.

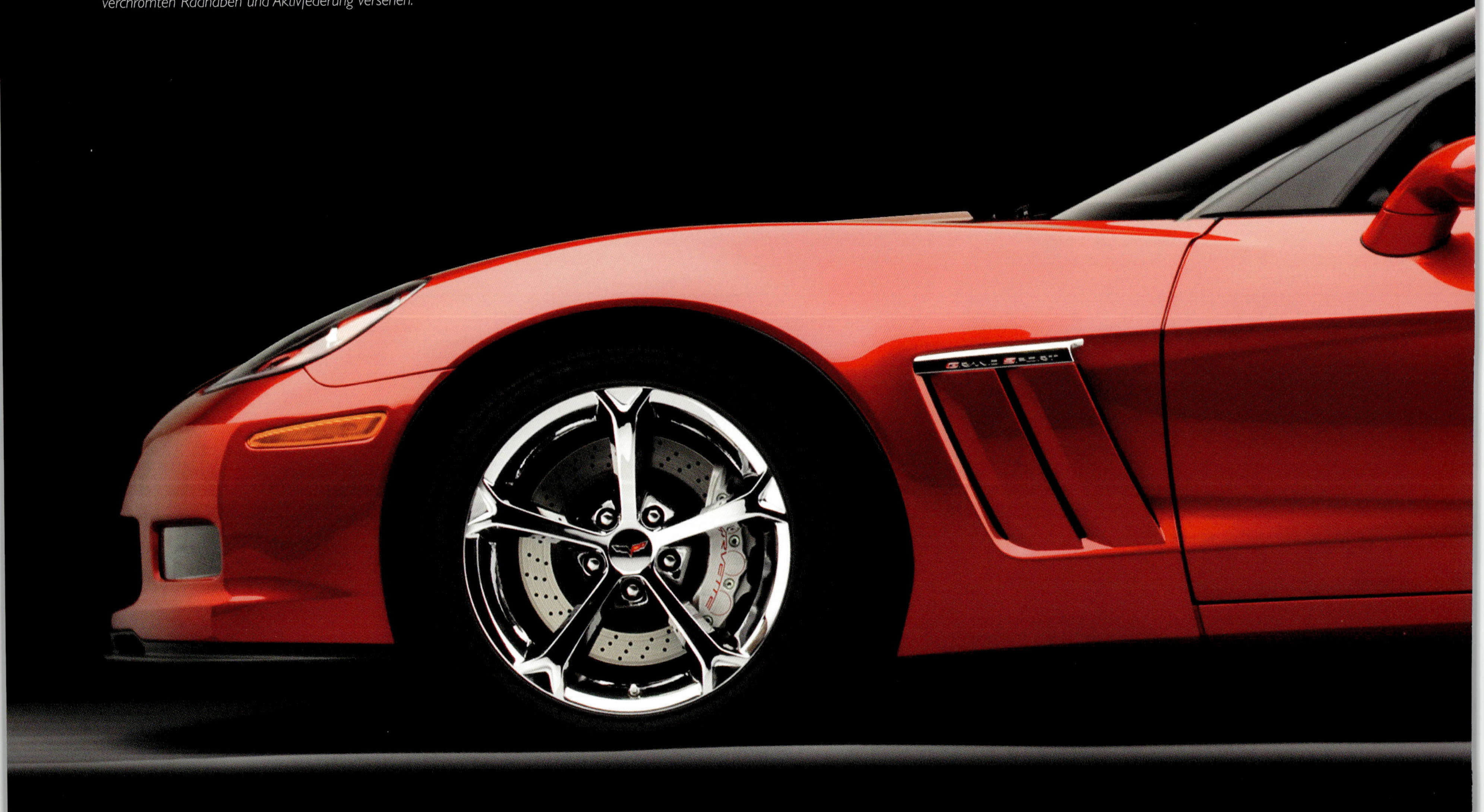

Motor mit 7011 ccm allerdings noch größer und mit 507 PS auch entsprechend stärker geworden war. Den 5967-ccm-Motor gab es indessen nach wie vor, 405 oder mit höherer Verdichtung 432 PS leistend. Mit seiner zentralen Nockenwelle und Stößelstangen gehörte der Achtzylinder zwar zur konservativen Fraktion, er war aber sehr drehmomentstark und dank seines großen Hubvolumens elastisch.

In der Coupéausführung hatte der Wagen ein versenkbares Stahldach, beim Cabriolet gab es ein Textilverdeck. Als Indy Pace Car gab es im Jahre 2008 ein Spezialmodell, 500-mal aufgelegt und rasch ausverkauft; der Wagen war eine exakte Kopie des offiziellen Indianapolis-Schrittmachers vom Vorjahr samt Goldstreifendekor und Stroboleuchten in den Kopfstützen. Diesem Auto folgte 2010 der Grand Sport, ein noch aggressiver wirkender Convertible und ausgestattet mit der Bugschürze und dem Heckspoiler des Z06, ferner einem ausgesprochen sportlich abgestimmten Fahrwerk, zusätzlicher Bremsscheibenkühlung, breiteren Reifen und ausgewölbten Kotflügeln. Hinzu kamen diverse Extras, für die der Käufer optieren konnte, wie Head-up-Display, Sitzheizung, Xenon-Scheinwerfer und ein Bose-Audiosystem.

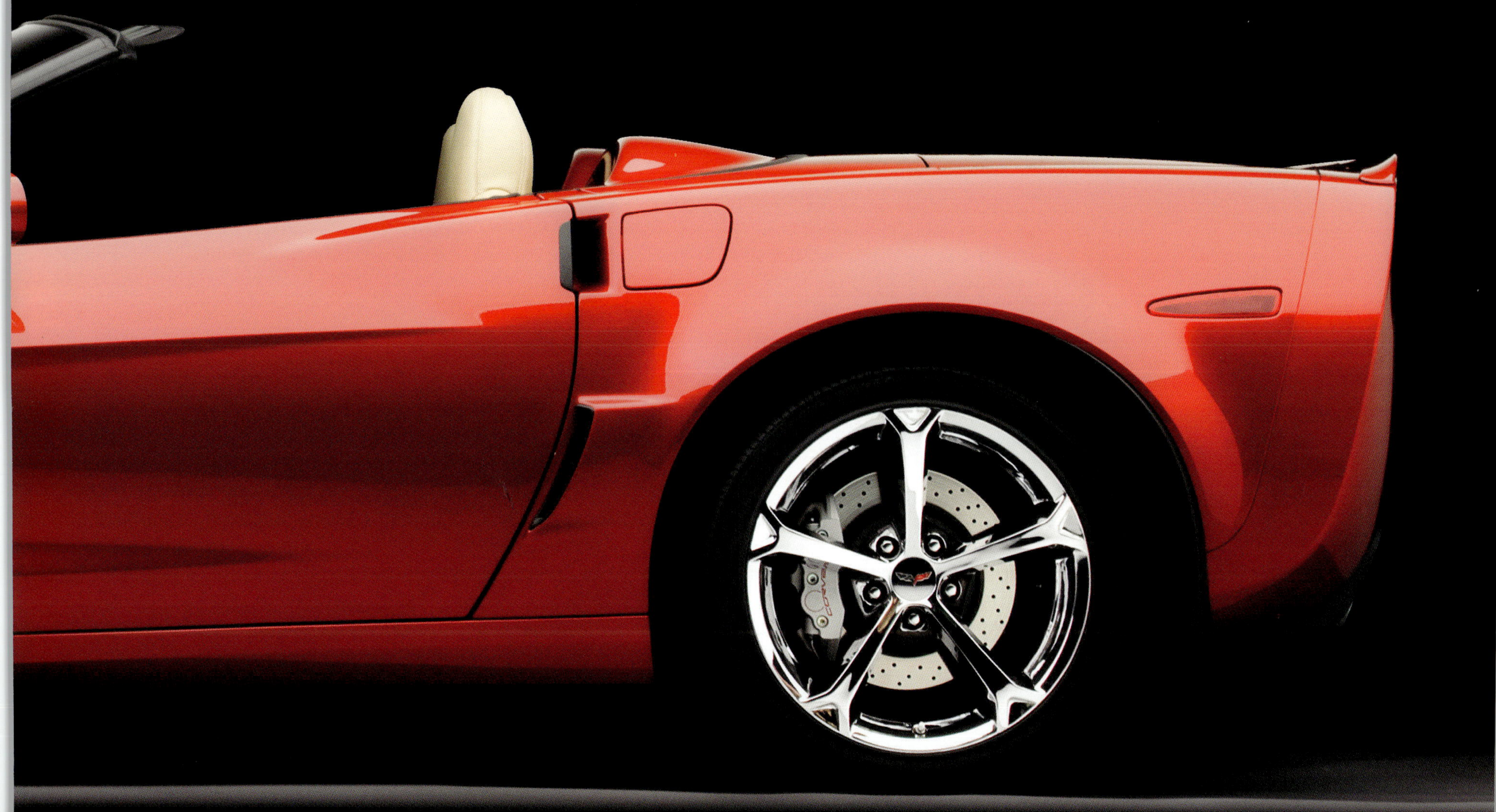

Maserati GranCabrio

Es ist keine leichte Aufgabe, ein Coupé nachträglich in ein Cabrio zu verwandeln unter Beibehaltung der guten Proportionen des Originals, der Einhaltung seiner Außenmaße und der Wahrung des Gesamtdesigns. Dennoch einen eleganten Wagen von hohem Gebrauchswert zu bekommen, war die Zielsetzung der Manager bei Maserati, als sie ihr 2007 entstandenes GranTurismo Coupé zu einem offenen Auto machen wollten – ein Job, den sie Pininfarina überantworteten. Bei ihm konnten sie sicher sein, ein zufriedenstellendes Resultat zu erhalten. Die technische Basis des Coupés war die viertürige Berlina namens Quattroporte. Sie täuschten sich nicht; Pininfarinas Arbeit überzeugte. Sein GranCabrio, dessen Verdeckkonstruktion nicht mehr als 65 kg wiegt, ist ein echter Viersitzer, was bei einer Fahrzeuglänge von 4,80 kein Problem dargestellt hatte. In jeder anderen Beziehung entspricht der Wagen dem Coupé. Die Vorstellung des Cabriolets erfolgte im September 2009 auf der IAA in Frankfurt am Main.

Wie bei allen Modellen der traditionsreichen Marke Maserati, gibt es auch beim GranCabrio dank Transaxle-Bauweise – das Getriebe befindet sich wie beim Quattroporte hinten am Differenzial – eine ideale Achslastverteilung: 49 Prozent auf der Vorderachse und 51 auf der Hinterachse. Diese Ba-

250–251 Die Frontpartie des GranCabrio mutet wie ein modernes Kunstwerk an. Mit einer Spitze von 283 km/h steht der Wagen dem GrandTourer kaum nach.

252–253 In 28 Sekunden lässt sich das dreifach beschichtete Textilverdeck auch während der Fahrt öffnen und schließen, sofern man nicht schneller als mit 30 km/h unterwegs ist.

lance hat man optimieren können, indem der Motor im Vergleich zum Coupé mit Stahldach etwas mehr zur Wagenmitte versetzt wurde. Den ursprünglich auf 4244 ccm und 400 PS ausgelegten V8-Motor bekommt man auch mit 4691 ccm und 440 PS als S-Version. Der Sound dieses besonders leistungsstarken V8-Motors (serienmäßig mit Sechsgang-Schaltgetriebe) ist gut vernehmbar, wenn der Fahrer das Gaspedal niederdrückt. Die auf Wunsch erhältlichen elektronisch aktivierten Stoßdämpfer an den Vorderrädern mit ihren Dreieckslenker-Aufhängungen sind einstellbar, und zwar auf einen harten Sportmodus oder auf einen mehr auf Komfort ausgerichteten Reisemodus. Der Sportmodus passt besser zu diesem Wagen, denn er ist ja eigentlich ein GT, obwohl die offene Version gut 100 kg mehr als das Coupé auf die Waage bringt. Trotz seines relativ hohen Gesamtgewichts von 1800 kg ist das GranCabrio in nur 5,2 statt 5,4 Sekunden im Sportmodus auf 100 km/h zu beschleunigen. Solche Beschleunigungsübungen machen nicht zuletzt sich auch akustisch bemerkbar, was sich auf geöffnete Nebenauslassventile im Abgaskrümmer zurückführen lässt. Aber man muss gar nicht die große Show abziehen, um mit diesem herrlichen Wagen Spaß zu haben – dem Maserati GranCabrio gehören unsere Bewunderung und Sympathie selbst dann, wenn er in der Garage geparkt ist.

Audi R8 Spyder

V10

R8

Mit der Vorstellung des R8 auf dem Pariser Salon im Jahre 2006 hatte Audi seinen Einstand in der Liga der Supercar-Hersteller gegeben. Schon lange standen die Ingolstädter in direktem Wettbewerb zu BMW und Mercedes, doch mit dem grandiosen Seriensportwagen R8 gaben sie den Beweis ab, auch in diesem anspruchsvollen Segment mithalten zu können. Bei der Wahl der Modellbezeichnung nahm man Bezug auf jene Audi-Rennsportwagen, die fünf Mal – 2000 bis 2005, mit Ausnahme von 2003 – die prestigeträchtigen 24 Stunden von Le Mans gewonnen hatten. Indirekt zählt auch der Bentley-Sieg von 2003 dazu, denn der Motor des Bentley war mit dem im Renn-Audi so gut wie identisch. Außer einen 4,2-Liter-V8 gab es für den Wagen ab 2008 auch einen 5,2-Liter-V10-Motor.

Mit seinem Mittelmotorkonzept, dem integralen Allradantrieb und einer Space-Frame-Chassiskonstruktion aus Aluminium entspricht der R8 dem Lamborghini Gallardo. Das Auto vermochte auf Anhieb zu überzeugen, auch die stets kritischen Tester. Eine offene Spyder-Version wurde aber erst drei Jahre später präsentiert, nämlich auf der Automobilausstellung in Frankfurt 2009.

Das Plus an Power beim 4ohc-Zehnzylinder mit 5204 ccm Hubraum, vier Ventilen pro Zylinder, Trockensumpfschmierung und Direkteinspritzung beträgt mehr als 100 PS. Und mit 525 PS ist man im Spyder gut 316 km/h schnell. Im Design unterscheidet sich der offene Zweisitzer auch durch zusätzliche Lufteinlässe vor den hinteren Radhäusern. Das Öffnen und Schließen des Verdecks, das es in verschiedenen Farben gibt, vollzieht sich in 19 Sekunden. Bei einer Geschwindigkeit unter 50 km/h muss man dazu nicht anhalten. Weil die Chassisstruktur anderen Kriterien als beim Coupé genügen muss, ist der Wagen um 100 kg schwerer als dieses und wiegt 1905 kg. Wahlweise gibt es den Wagen mit einem Sechsgang-Schaltgetriebe oder einer Automatik.

254–255 und 256–257 Zu den interessanten Optionen beim R8 Spyder gehört eine in den Sicherheitsgurt integrierte Freisprechanlage fürs Telefon, die besonders bei schnellem Offenfahren vorteilhaft ist.

Porsche 918 Spyder

Bestellen kann man ihn schon heute, doch geliefert wird der Porsche 918 Spyder erst gegen Jahresende 2013. Die Zuffenhausener haben ihren neuen Supercar im März 2010 auf dem Genfer Automobilsalon vorgestellt und einen Preis genannt, der bei rund 770.000 Euro liegen soll. Dem Konzept des Spyders liegen Überlegungen zugrunde, die sowohl den Umweltschutz betreffen als auch die Erkenntnis, dass wir künftig mit immer höheren Treibstoffkosten zu rechnen haben. Wirtschaftlichkeit mit dem Wunsch nach hoher Leistungsfähigkeit in einen akzeptablen Gleichklang zu bringen, stand im Lastenheft an vorderster Stelle. In Frage kam daher ein Hybridsystem mit einem Verbrennungs- und zwei Elektromotoren. Ersterer entspricht im Aufbau dem im Rennwagen RS Spyder und befindet sich vor der Hinterachse. Es ist ein V8 von 4,0 Litern Hubraum mit einer Leistung von 500 PS bzw. 370 kW, während die beiden Elektromotoren an der Vorder- und Hinterachse zusätzlich 160 kW an Leistung bringen. Da der 5,1-kW/h-Akku zudem extern geladen werden kann und diese Energie (theoretisch etwa einem halben Liter Benzin entsprechend) im europäischen Normverbrauch nicht berücksichtigt wird, erreicht das Fahrzeug einen Verbrauch von drei Litern Benzin auf 100 Kilometer, was einem CO_2-

258–258 und 260–261 Der 918 Spyder lässt sich in weniger als 7,5 Minuten um den Nürburgring jagen und ist damit noch um eine Sekunde besser als sein Vorgänger Carrera GT, der bislang als Porsches schnellster Straßenwagen galt.

262–263 Beim Bremsen wird die kinetische Energie durch Rekuperation in elektrische Energie zurückverwandelt. Sie lässt sich als zusätzliche Power nutzen, um das Auto wie einen Formel-1-Wagen zu beschleunigen.

Ausstoß von 70 g entspricht. Der Spyder verfügt über einen elektrischen Allradantrieb; die Antriebskraft wird über ein Doppelkupplungsgetriebe übertragen. Ein Bremsenergie-Rückgewinnungssystem speist zudem einen Lithium-Ionen-Akku, der sich zwischen Tank und Motor befindet.

Bis zu einer Reichweite von 25 Kilometern kann das Fahrzeug im Modus »E-Drive« rein elektrisch fahren. Im Modus »Hybrid« ergänzen sich beide Antriebssysteme nach ökonomisch optimalen Gegebenheiten; im Modus »Sport Hybrid« kann mehr Power abgerufen werden, und im Modus »Race Hybrid« steht das Maximum zur Verfügung.

Die Karosserie mit ihrem manuell zu bedienenden Verdeck stellt eine modular aufgebaute, weitgehend aus Aluminium und Magnesium bestehende Struktur dar mit einem Monocoque-Cockpit aus Kunststoff. Das Leergewicht des Wagens liegt unter 1490 kg. In das Design flossen Elemente vom Porsche-Rennwagen 917 ein, der 1970 und 1971 die 24 Stunden von Le Mans gewann. Kein schlechtes Erbe also für einen Wagen, den ein hohes Maß von Innovationsgeist kennzeichnet.

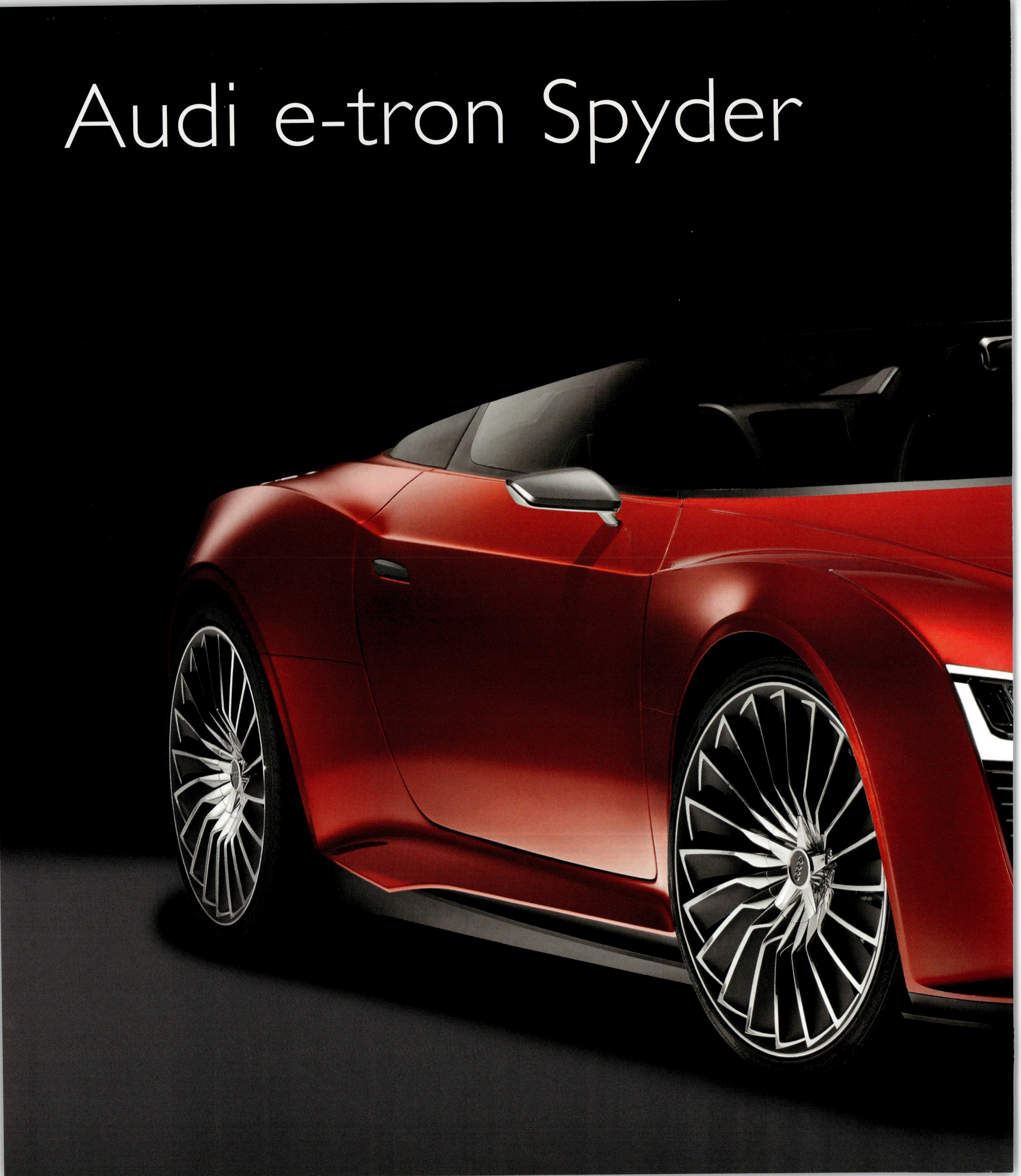
Audi e-tron Spyder

264–265 und 266–267 Etliche Stylingdetails des Audi e-tron könnten sich in späteren Sportwagen dieser Marke wiederfinden. Mit Ausnahme der niedrigen Windschutzscheibe, die den erforderlichen Sicherheitskriterien nicht genügen würde.

Beim Audi e-tron Spyder handelt es sich um einen Versuchsträger, auch Concept Car genannt, nicht um den Vorläufer eines für die Serie geplanten Wagens. Bei Audi ließ man den e-tron Spyder genannten Hybriden als eine Studie für künftige Sportwagen-Stylingkonzepte entstehen. Interessant ist die Kombination verschiedener Antriebe: An den Vorderrädern besorgen dies zwei Elektromotoren, während im Heck ein Verbrennungsmotor arbeitet. Die Elektromotoren mit 88 PS Leistung beziehen ihrem Strom aus Lithium-Ionen-Batterien, die sich am Netz aufladen lassen. Der Motor im Heck ist ein 2993-ccm-Diesel mit zwei Turboladern aus dem Audi A6 und einer stufenlosen Getriebe-Automatik.

Für Fahrvergnügen sorgt eine rasante Beschleunigung; der e-tron Spyder schafft 100 km/h in nur 4,4 Sekunden und kommt auf ein Spitzentempo von 250 km/h. Nach bester Audi-Tradition verfügt der Wagen über Allradantrieb, bei welchem die Antriebsmoment-Distribution den hinteren Rädern 75 Prozent zuteilt. Die vorderen Radführungen entsprechen denen des TT RS, die hinteren denen des R8. Dank reichlicher Verwendung von Karbon wiegt der Spyder nicht mehr als 1445 kg, und mit knapp vier Metern Länge halten sich auch die Abmessungen in vernünftigen Grenzen. Aus Karbonfasern bestehen wesentliche Teile des Aufbaus, auch die Scheinwerfergehäuse. Nicht nur das geringe Gewicht, sondern auch seine gute Verformbarkeit gaben für die Verwendung dieses Materials den Ausschlag. Trotz vieler während des Entstehungsprozesses immer wieder durchgespielten Modifikationen und der Einbeziehung von Alternativen benötigten die Designer nicht mehr als fünf Monate, um ihren Prototyp auf die Räder zu stellen.

Von den LED-Leuchten bis zu den 20-Zoll-Rädern ist das Auto gespickt voll mit ungewöhnlichen Details. Im Hybridbetrieb beträgt der Verbrauch nur 1,9 Liter auf 100 Kilometer, die Reichweite ist auf 1000 Kilometer ausgelegt. Der Stecker zum Nachladen der 1,9-kW-Batterien, wofür drei Stunden reichen, befindet ich hinter dem Markenemblem der vier Ringe am Fahrzeugbug. Elektrisch bewegt, kommt man bei 60 km/h Schnitt aber nur 50 Kilometer weit, wenn der Turbodiesel nicht mithilft. Insofern ist die Fortbewegung im Hybridmodus der bessere Kompromiss, und das erwähnte Fahrvergnügen würde beim rein elektrischen Antrieb nur von kurzer Dauer sein.

Die Autoren

SAVERIO VILLA ist ein Allround-Motorjournalist mit besonderem Interesse für Automobiltechnik und Automobilgeschichte. Er veröffentlichte zunächst Beiträge in der Zeitschrift Auto, war stellvertretender Chefredakteur bei Evo, verantwortlicher Motorredakteur bei Panorama und dann Direktor der Fachblätter Auto oggi und Panoramauto. Heute ist er verantwortlicher Direktor für die Monatszeitschrift Autorama, arbeitet für den Sender Yellow TV von Asapress und ist Mitarbeiter bei Auto, AM sowie beim Corriere de la Sera.

MARCO COLETTO arbeitet als Motorsportjournalist und hat seine Karriere bei Auto oggi begonnen; heute ist er Mitarbeiter der Blätter Panoramauto und Auto, betreut die Webseiten panorama.it sowie panoramauto.it und ist für Autorama und den Sender Yellow TV tätig.

ANDREA RAPELLI ist ebenfalls ein erfahrener Motorjournalist, spezialisiert auf das Testen von Serienwagen mit einem Faible für historische Fahrzeuge und auch Motorräder. Er schreibt für Evo, Panoramauto und betreut die Motorseite von PC Professionale.

Index

Bildquellen

Seite 3, 4–5 Ron Kimball/KimballStock
Seite 6–7 Fotostudio Zumbrunn
Seite 8–9 Ron Kimball/ KimballStock
Seite 10–11 Porsche AG Presse
Seite 16–17 Fotostudio Zumbrunn
Seite 18–19, 20–21, 22–23 Ron Kimball/KimballStock
Seite 26–27, 29, 30, 30–31, 32–33, 34–35, 36–37, 38–39, 40– 41, 42–43, 43 Fotostudio Zumbrunn
Seite 44–45, 46–47 Ron Kimball/ KimballStock
Seite 48–49, 50, 51 Fotostudio Zumbrunn
Seite 52–53, 54–55 Ron Kimball/KimballStock
Seite 56–57, 58–59, 60–61, 62–63, 64–65 Fotostudio Zumbrunn
Seite 66–67, 68–69 Ron Kimball/KimballStock
Seite 70–71, 72–73 Peugeot Automobili Italia
Seite 73 Fantasy Junction
Seite 74–75, 76–77, 77, 78, 79 BMW AG
Seite 80–81, 82–83 Ron Kimball/KimballStock
Seite 84–85, 86, 86–87, 88–89, 90–91, 92–93, 94, 94–95 Fotostudio Zumbrunn
Seite 98–99, 100–101 Ron Kimball/KimballStock
Seite 102–103, 104–105, 106–107, 108–109, 110–111, 111 Fotostudio Zumbrunn
Seite 112–113, 114, 114–115, 116–117 Ron Kimball/ KimballStock
Seite 117 Keystone/Getty Images
Seite 118–119, 120–121, 121 Fotostudio Zumbrunn
Seite 122–123, 124–125 www.carphoto.co.uk
Seite 126–127, 128–129 Fotostudio Zumbrunn
Seite 130–131, 132, 133, 134–135, 136–137, 138–139, 140– 141, 142–143, 144–145, 146–147 Ron Kimball/KimballStock
Seite 148–149 Fotostudio Zumbrunn
Seite 152–154, 154–155 Daimler AG
Seite 156–157, 158–159 Fotostudio Zumbrunn
Seite 160–161, 162–163 www.carphoto.co.uk
Seite 164–165, 166, 167 Tim Scott
Seite 168–169 Ron Kimball/KimballStock
Seite 170–171, 171 www.carphoto.co.uk
Seite 172–173, 174–175, 176–177, 178–179 Ron Kimball/ KimballStock
Seite 180–181, 182, 182–183 www.carphoto.co.uk
Seite 186–187, 188–189 Ron Kimball/KimballStock
Seite 190–191, 192–193 Fotostudio Zumbrunn
Seite 194–195, 196–197 Ron Kimball/KimballStock
Seite 198–199, 200, 200–201 Fotostudio Zumbrunn
Seite 202–203 Ron Kimball/KimballStock
Seite 204–205, 206–207 www.carphoto.co.uk
Seite 210–211, 212–213 Ron Kimball/KimballStock
Seite 214–215, 216–217 Daimler AG
Seite 218–219, 220–221, 221 Fiat AutoPress
Seite 222–223, 224, 224–225 www.carphoto.co.uk
Seite 226–227, 228–229 Rolls–Royce Motor Cars Ltd.
Seite 230–231, 232–233, 234–235, 236–237 Ron Kimball/ KimballStock
Seite 238–239, 240–241 Bentley Media
Seite 242–243, 244–245 Daimler AG
Seite 246–247, 248–249 Ron Kimball/KimballStock
Seite 250–251, 252–253 Maserati SpA
Seite 254–255, 256–257 Ron Kimball/KimballStock
Seite 258–259, 260–261, 262–263 Porsche AG Presse
Seite 264–265, 266–267 Audi AG/ Audi Media Service

Umschlag vorne
BMW AG und Porsche AG

Umschlag hinten
Daimler AG

Titel der Originalausgabe: CABRIOLET
erschienen bei Edizioni White Star s.r.l.

Übersetzung: Halwart Schrader
Produktmanagement: Martin Distler
Umschlaggestaltung: Jarzina Kommunikationsdesign, Holzkirchen
Herstellung: Bettina Schippel, Barbara Uhlig
Schlusskorrektur: Michael Dörflinger

Alle Angaben dieses Werkes wurden sorgfältig recherchiert und auf den aktuellen Stand gebracht sowie vom Verlag geprüft. Für die Richtigkeit der Angaben kann jedoch keine Haftung übernommen werden. Für Hinweise und Anregungen sind wir jederzeit dankbar. Bitte richten Sie diese an:

GeraMond Verlag
Lektorat
Postfach 40 02 09
D-80702 München
E-Mail: lektorat@verlagshaus.de

Die Deutsche Bibliothek verzeichnet diese Publikation in der Deutschen Nationalbibliografie; detaillierte bibliografische Daten sind im Internet unter http://dnb.ddb.de abrufbar.

ISBN 978-3-86245-679-6